Le petit merc...

Collection animée par Colline Faure-Poirée

Françoise Dolto

Père et fille
Une correspondance
(1914-1938)

Lettres choisies et présentées
par Muriel Djéribi-Valentin
Notes de Muriel Djéribi-Valentin
et Colette Percheminier

Mercure de France

ISBN 2-7152-2280-7

PRÉFACE

*Entre le père, Henry Marette, et sa fille Fran-
çoise qui deviendra Françoise Dolto, quelques
jalons d'une correspondance suggèrent un itinéraire remarquable. Vingt-quatre ans se sont écou-
lés entre les quelques lignes datées du 8 novembre
1914 où, au lendemain d'une déclaration de
guerre, elle vient d'avoir six ans et admire son bel
uniforme de capitaine sur la photo, à la longue et
« confiante mise au point définitive » du 15 juin
1938 qui, au seuil d'une autre guerre, s'adresse à
celui qu'elle juge seul encore capable d'entendre la
vérité sur l'isolement familial auquel elle a été
contrainte par la violence revendicative de sa
mère. Au risque de ne plus le revoir, elle entend
maintenant clairement prendre congé du drame
qui s'est noué au moment de la mort de Jacqueline, sa sœur aînée. Ce deuil de cette fille tant
aimée, dans la fidélité absolue exigée de chacun à
ses anniversaires, redouté chaque année pour celui
de sa mort ou célébré par une messe pour sa nais-*

sance, fera trop longtemps de Françoise qui s'y soumet entièrement, « *l'autre fille* » ou encore « *celle qui reste* ». À ce père, souvent absent, dont elle craint la pudeur extrême, elle écrit qu'il lui manque, qu'elle aimerait bien qu'il lui parle de sa jeunesse, demande qu'il accepte son exubérance sans la critiquer, qu'elle puisse se montrer « *vlan – telle que je suis* », lui parler « *vlan – comme je pense et avec tout mon cœur* ». Elle se montre bouleversée qu'embarqué sur le paquebot qui l'amène aux États-Unis, il s'inquiète si vivement de n'être pas près d'elle au moment où elle subit une opération d'appendicite. « *Entre tes lignes* écrit-elle, *je sentais tant d'affection que mon cœur est tout près du tien. Pourtant ce n'est pas nouveau, je sais ton affection pour moi doublée d'une autre fatalement un peu retombée sur moi-même*[1]. » Peut-on mieux dire, l'ombre tombée sur la toute jeune fille qu'elle était à douze ans. Sa dernière mise au point témoigne encore de la confiance durable, pudiquement construite au fil du temps et des épreuves. Elle sait derrière l'apparente sévérité de ses propos à son égard qu'il tente de contenir la rage d'une mère désespérée qui voit sa fille prendre enfin son envol. N'est-ce pas ce père aimant et « *tendrement chéri* » qui lors d'un effondrement dépressif l'encouragea à engager en

1. Lettre du 25 avril 1929.

6

1934 une cure psychanalytique grâce à laquelle elle se retrouve aujourd'hui en pleine possession de ses moyens? Par cette lettre, dont la copie fut retrouvée dans ses archives et dont nous ne saurons jamais si elle fut envoyée, et qu'importe, au terme de cet itinéraire, elle tient à témoigner pour elle-même de sa transformation radicale, de la fierté qu'elle en a, confondue à la fois à la fierté d'être la fille de ce père-là et à celle de pouvoir enfin réaliser les rêves et la vie dont elle se sent définitivement digne.

Aussi, commençant le voyage analytique où elle va découvrir sa vocation, avait-elle déjà su déceler l'enjeu essentiel dont il était son partenaire privilégié : « Mon plus grand désir maintenant c'est de conduire jusqu'au bout ce très pénible traitement parce que je sais que ce sera la meilleure façon de te remercier en devenant une femme – au sens plein du mot – dont tu pourras être fier, et cela simplement en laissant agir en moi la nature que tu m'as donnée[1]. »

Muriel DJÉRIBI-VALENTIN

---

1. Lettre du 22 juillet 1934.

Généalogie de Françoise Dolto*

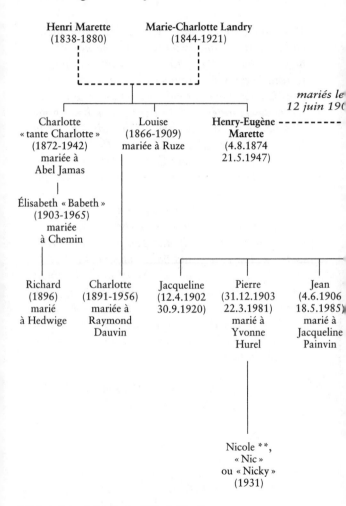

Henri Marette (1838-1880)   **Marie-Charlotte Landry** (1844-1921)

mariés le 12 juin 190(

Charlotte « tante Charlotte » (1872-1942) mariée à Abel Jamas

Louise (1866-1909) mariée à Ruze

Henry-Eugène Marette (4.8.1874 21.5.1947)

Élisabeth « Babeth » (1903-1965) mariée à Chemin

Richard (1896) marié à Hedwige

Charlotte (1891-1956) mariée à Raymond Dauvin

Jacqueline (12.4.1902 30.9.1920)

Pierre (31.12.1903 22.3.1981) marié à Yvonne Hurel

Jean (4.6.1906 18.5.1985) marié à Jacqueline Painvin

Nicole **, « Nic » ou « Nicky » (1931)

* Il s'agit d'une généalogie simplifiée, établie afin de faciliter la lecture de ce recueil de correspondance.
** Seule personne de cette génération citée dans cette correspondance.

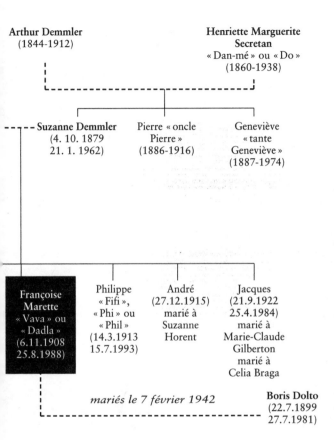

Arthur Demmler
(1844-1912)

Henriette Marguerite Secretan
« Dan-mé » ou « Do »
(1860-1938)

Suzanne Demmler
(4. 10. 1879
21. 1. 1962)

Pierre « oncle Pierre »
(1886-1916)

Geneviève
« tante Geneviève »
(1887-1974)

Françoise Marette
« Vava » ou « Dadla »
(6.11.1908
25.8.1988)

Philippe
« Fifi »,
« Phi » ou
« Phil »
(14.3.1913
15.7.1993)

André
(27.12.1915)
marié à
Suzanne
Horent

Jacques
(21.9.1922
25.4.1984)
marié à
Marie-Claude
Gilberton
marié à
Celia Braga

mariés le 7 février 1942

Boris Dolto
(22.7.1899
27.7.1981)

1914

Le 8 novembre 1914[1]

Mon cher papa,

J'aurais été si contente de te voir et j'espère que tu viendras bientôt ici. Je te trouve très bien en capitaine sur la photographie. Je voudrais bien t'écrire une longue lettre mais je ne sais pas quoi te dire. Alors je t'embrasse bien fort.

Françoise

Novembre 1914[2]

Mon chère papa,

Je te remercie de travaillé pour moi et de faire des lond voyages de 3 jours et pendant l'été, tu ne nous as pas vu et tu était tout seul pendant 3 moi, tu a été tout seul et je ne t'écrivait pas souvent mais que tu est bon pour nous et aussi je t'aime de tout mon cœur et pour te montrer que je t'aime, je serait très sage et pour te montrer que je t'aime particuliairement parce que tu travail pour donner de l'argent à maman pour nous nourrir et pour nous abier. Je t'embrasse tres fort.

Françoise Marette

1916

Mon cher Papa,

As tu fait un bon voyage et as tu eu un mal de mer[3] ? Je voudrais que les journées soit moins longue car je voudrais te revoir. Je vais faire des prières pour que tu reviennes bientôt. Aujourd'hui, nous avons été avec maman sur la grande pelouse j'étais bien contente d'allez avec maman et maman nous a acheter une balle à fifi[4] et à moi et alors nous avons très bien joué. Je vais t'écrire tout les jours car je sais que cela te fait plaisir. Je serais très sage car je sais que tu seras content quand je te le dirai que j'ai été sage et moi aussi je serais contente de te le dire. Je t'embrasse bien fort et t'aime beaucoup.

Françoise Marette

1917

Mon cher papa,

Je te souhaite un bon aniversaire, il sera triste cette année de guerre. éloigné de maman et de nous, tu dois être bien bien triste; console-toi, papa, car je pense à toi et fais depuis 8 jours une prière pour toi, console-toi en pensant que je pense à toi, tu as déjà 43 ans, c'est beaucoup. Comme cadeau, puisque je n'ai rien à te donner, je te donne mon cœur, et aussi parce que ce n'est pas beaucoup son cœur j'essayerai de faire un effort jusqu'a ce que nous partions en Italie; d'être, très sage. Je suis contente de venir te revoir parce que, sans cela, tu aurais été éloigné de nous pendant tout lété.

Nous avont été au jardin des plantes nous avons vu des serpents et des crocodiles du nil.

Nous avons aussi vus des singes et il y avait des

rats qui prenaient se qu'on jetait aux singes et les singes les guettaient. Je t'embrasse.

Françoise Marette

1921

Cher Papa,

Je t'écris en revenant d'avoir été chercher le lait. Tu dois bien t'ennuyer tout seul, nous, surtout maman, nous ennuyons sans toi. Est-ce que les œufs de Mme Charlot sont éclos ? et comment sont les fruits de cette union ? Dis-moi si vous avez déjà mangé des profiteroles. Nous avons mangé des poireaux en asperges, à l'huile et au vinaigre. Mon rhume va beaucoup mieux, malgré que je toussasse encore. Toutes les armoires sont maintenant rangées. Maman nous a acheté des bêches car les locataires ont emporté celles qui restaient. Nous avons déjà commencé un grand trou. Ici, il fait un soleil radieux et plus chaud dehors que dans la maison. Ma montre marche très bien mais Fifi a déjà perdu le remontoir de la sienne. Comme

nous allons partir à la plage je t'embrasse bien fort
et te dis : Au revoir à bientôt.

F. Marette

Vic s/Cère, vendredi 19 août 1921

Cher Papa,

Plus que douze jours avant de te voir ! et qua-
torze jours avant de te voir longtemps. La pluie
continue incessante ; elle tombe si fort qu'on ne
voit plus un caillou dans la Cère. C'est la truite de
trois livres qui doit être contente ! Maman est dans
son lit tu as dû avoir des détails par Mademoiselle[7]. J'espère que cela ne sera rien. Tous les jours,
il y a une foule de gens aux trains pour partir.
D'ailleurs, on dit que la saison est finie. À l'hôtel,
il ne reste plus que Richard Mouton et Cie, le
Monsieur et la dame algériens, et le vieux curé.
Aussi la cuisine est bien meilleure et ce n'est pas
peu dire. Il y a une nouvelle femme de ménage.
D'ailleurs, tu as dû la voir. Elle est très dégourdie
et fait très bien le ménage et spécialement les bot-
tines. Les petits ne descendent plus dîner à l'hôtel
de peur qu'ils attrapent froid. Mlle leur fait une
soupe au lait avec du riz ou du tapioca avec un
œuf à la coque et de la confiture. Fifi déclare après
qu'il est tout de même « rond ».

Je t'embrasse très très fort. À Bientôt.

F. Marette

Vic s/Cère, mardi 23 août 1921[8]

Cher Papa,

J'ai vu par la lettre que tu as écrite dimanche que tu ne t'es pas douté comme maman a été très malade, qu'elle a beaucoup souffert et qu'elle a eu beaucoup de fièvre. Elle s'est couchée le lendemain de ton départ, c'est-à-dire mercredi ayant eu énormément de fièvre pendant la nuit de mardi à mercredi et est encore au lit au moins pour deux ou trois jours. Aujourd'hui, elle n'a plus du tout de fièvre mais a encore très mal à la tête et est très fatiguée. Le docteur affirme qu'elle pourra partir le 31, mais elle sera bien fatiguée de passer une nuit en chemin de fer. Il a encore plu à torrent hier mais aujourd'hui, il ne pleut plus, il y a toutes les deux heures un petit rayon de soleil mais il fait froid. Maman ira tout de suite mieux aussitôt que son moral sera remonté.

Il n'y a plus que huit jours avant de te voir. Pourvu que la lettre recommandée pour la place de Deauville n'arrive pas en retard !

Je t'embrasse bien fort.

F. Marette

P.S. : Dans *La Semaine de Suzette,* ma grapho-logie a paru : « Boit l'obstacle. Caractère impa-tient, nerveux et irritable, mais franchise, sincère, spontanée, généreuse, grande bienveillance, aime le bruit, le mouvement et ne redoute rien. »

1929

Tu ne saurais croire, ma chère petite Françoise, combien j'attendais impatiemment le télégramme promis. Je croyais que l'opération devait avoir lieu lundi 8 et, à partir de trois heures de l'après-midi, j'étais sur le qui-vive. Cela a duré vingt-quatre longues heures puisque ce n'est qu'hier 9 à trois heures qu'un boy m'a apporté les quelques mots espérés. C'est une chose pénible que de se trouver ainsi isolé en mer et de savoir qu'un événement se passe loin de vous auquel on aurait voulu assister ou presque et dont il faut attendre de longues heures le résultat. Mieux vaudrait ne pas savoir.

Bref tout est fini maintenant et je suis soulagé. Quand cette lettre te parviendra je serai au cours de ma tournée depuis huit jours et toi tu seras rentrée à la maison et bien près de reprendre ta vie coutumière. Je pense que tu n'auras pas eu trop d'appréhension. Malgré tout, il existe toujours un certain risque à se remettre aux mains des toubibs. Cette formalité aura, j'y compte bien, une heureuse influence sur ton état de santé générale et puisqu'il fallait la subir, félicitons-nous que ce soit passé.

Ce voyage tire à sa fin. Je croyais que nous arriverions le 10, c'est-à-dire demain ou le 11, mais nous ne toucherons New York que le vendredi 12 tout au matin. Les formalités de débarquement sont assez longues et ce n'est qu'à dix heures et demie onze heures que nous serons à l'hôtel. C'est long, et pourtant le *De Grasse* est admirable de simplicité et de confort. Aux dimensions près je ne peux mieux le comparer qu'au *Stella Polaris*. Public peu nombreux (trois cent quinze y compris les touristes et les troisième classe) de sorte qu'on peut se mouvoir avec aisance. Après trois jours de mer calme comme de l'huile, le temps a fraîchi samedi après-midi et de trois heures du matin dans la nuit de samedi à dimanche, jusqu'à dimanche onze heures du matin, nous avons eu une tempête bien conditionnée qui a éprouvé nombre de gens. Mon jeune compagnon, très gentil, a été malade et il était devenu si jaune qu'il avait l'air d'un Chinois authentique.

Ma cabine est parfaite. Je jouis d'une cabine spacieuse (comme celle du *Stella Polaris*) pour moi tout seul, avec une salle de bains, lavabo, W.C., commodités qui ont leur charme. L'existence se coule douce et monotone. On vit en demi-somno-lence à manger, digérer, jouer au bridge, aux échecs ou aux palets sur le pont.

Rien de sensationnel dans les passagers. Gens pour la plupart de bonne compagnie, aimant le calme et le confort.

La cuisine est délicieuse, bien supérieure à celle du *Stella Polaris* et il faut une vertu vraiment sur-humaine pour limiter son menu. Malgré cette sage précaution je crois que j'ai une tendance à engrais-ser quelque peu.

De l'autre côté de l'eau il en sera différemment.

Les officiers du bord sont charmants et le com-mandant en particulier.

On dîne par petites tables de quatre. Seul le com-mandant a une table de six et il invite à chaque repas cinq personnes. Il y a trois jours j'ai été invité à dîner ainsi, avec trois Américaines dont une mûre et deux autres animées d'un entrain endiablé puisé dans les cabarets de Montmartre qu'elles connais-sent infiniment mieux que moi ! Cela a duré au fumoir jusqu'à une heure du matin. J'ai offert le champagne qui a eu le don de les mettre en délire.

Demain c'est notre dernier jour à bord. Il faudra refaire les valises et nous nous disperserons tous aux quatre coins du continent.

Je m'efforcerai pour ma part de revenir le plus vite possible car j'ai hâte de vous revoir tous et de t'embrasser.

Je compte trouver en arrivant à l'hôtel Pensyl-
vania un second télégramme me donnant de tes
nouvelles confirmant les premières, et cela me
donne hâte d'y arriver.

Au revoir ma chère petite. Je t'embrasse bien
tendrement.

H. Marette

Jeudi 25 avril 1929

Mon cher Papa,

La lettre que j'ai reçue de toi mardi et que tu
avais écrite sur le *De Grasse* m'a fait un plaisir
fou. Après l'avoir lue j'avais des larmes plein les
yeux avec impossibilité de m'en expliquer la cause
et voilà que maintenant je recommence. Tu vas
trouver cela idiot. Entre tes lignes je sentais tant
d'affection que mon cœur est tout près du tien.
Pourtant ce n'est pas nouveau, je sais ton affection
pour moi doublée d'une autre fatalement un peu
retombée sur moi-même, je me sens heureuse et je
jouis de mon bonheur car j'ai tout et même plus
que ce que je pourrais désirer ; je voudrais quelquefois te le dire, me rapprocher de toi, te montrer un peu à ma façon qui serait tellement
expansive ce que je suis pour toi dans le fond de
moi-même, mais non, je ne montre rien. Et puis

voilà une lettre qui vient de très loin, et je sens tout changer de moi à toi. Si tu étais là comme je forcerais vite ton air un peu renfermé et comme je saurais te dédommager et me montrer – vlan – telle que je suis et je n'aurais plus peur de t'ennuyer ni peur que tu ne me comprennes pas et me trouves complètement bizarre ou toquée. Cependant voilà que je crains bien que ce soit l'effet précisément de cette lettre sur toi. Tant pis je t'ai écrit ainsi – vlan comme je pense et avec tout mon cœur.

J'ai été désolée que tu te sois trompé de date pour mon opération et je me demande comment cela a pu arriver; je croyais t'avoir bien expliqué que j'entrais lundi à la maison de santé pour être opérée mardi matin.

Maintenant je vais tout à fait bien. Je suis rentrée le vendredi 19 à la maison, et chaque jour depuis j'ai été faire une petite marche au bois. Cela fera huit jours demain. Je ne sens plus maintenant qu'une vague petite fatigue le soir qui disparaît tous les jours. Les premiers jours, je végétais à la maison, ne faisant rien sauf lire de temps en temps et jouissant de ne rien faire quoique j'en eusse bien honte, mais hier j'ai repris mon violon et mes robes, avec plaisir et entrain. Je suis donc tout à fait redevenue à mon état normal. J'ai pas mal maigri, sûrement deux à trois kilos; d'ailleurs tout le monde s'en aperçoit; de l'avis de Capette et de Rouy[10] cela doit continuer.

Puissent-ils dire vrai !

Nous avons eu lundi la visite de M. et Mme Vinson. Très guillerets tous les deux. Ils nous ont appris que le violoncelliste (celui qui ne voulait rien faire et qu'ils avaient envoyé en Suisse à une école d'horlogerie) veut se faire prêtre et pour ce est dans une maison spéciale qui lui fait compléter ses études tronquées afin de lui permettre ensuite d'aller au Séminaire. Quant au violoniste il les a quittés pour aller habiter avec son frère aîné prêtre à Ménilmontant pour s'occuper uniquement de patronages. Probablement fera-t-il comme les autres après ! Et Monsieur Vinson se tord de tout cela en disant : « Oh oui ce que c'est rigolo, oh oh ce que c'est rigolo, on n'avait pourtant rien fait pour ça. »

Je n'ai pas encore de nouvelles de mon envoi à l'exposition des artistes décorateurs. Dans le règlement on ne dit pas si on reçoit dans tous les cas un avis. Il est seulement dit que « les auteurs dont les œuvres ne sont pas acceptées doivent les retirer dans les trois jours qui suivent la réception de l'avis qui leur en est fait ». Dans ce cas il y a donc avis. Il paraît qu'au Salon c'est la même chose et que si on ne reçoit rien cela signifie qu'on est reçu. En tout cas j'irai voir aujourd'hui ou demain au Grand Palais.

J'ai reçu des nouvelles des Dauvin qui se portent mieux maintenant. Ils se font construire une petite maison au Croisic et viendront à Paris du début de mai à fin juin.

Tante Charlotte est venue me voir deux fois à la rue Blomet et mardi soir ici avec Hedwige. La mère de cette dernière va de plus en plus mal et sa sœur ne va pas bien non plus. Babeth donne demain soir un concert avec un jeune violoniste espagnol ou argentin. Je ne crois pas y aller.

Je te quitte mon cher Papa, en t'embrassant très tendrement comme je t'aime. « Ta bonne fille ».

Françoise

1930

Mon cher papa,

Aujourd'hui tu n'auras probablement pas de lettre de maman car pour être sûre de dire au revoir à Raymond elle a télégraphié hier à Charlotte[11] qu'elle viendrait aujourd'hui avec Pierre et les Hurel. Il a plu et venté toute la nuit et la mer est assez forte mais il fait un temps superbe. Il y avait déjà longtemps depuis la dernière journée de soleil. Maman a reçu hier ta carte de Fontainebleau. J'aimerais moi aussi un jour aller avec toi voir les endroits où tu as vécu un si bon temps après l'X pendant que tu me raconterais tes souvenirs, il faudra faire cela un jour.

Depuis ton départ nous avons eu un soir le marin, sa fiancée et les Coussin après dîner. Nous avons joué à un jeu que nous avions appris chez la fiancée du marin et pour lequel elle avait apporté

ses jetons : le baccara. Cela avait l'avantage
d'occuper tout le monde à la fois y compris M. et
Mme Hurel et maman tandis qu'au bridge les
Coussin ne sachant pas y jouer se seraient
ennuyés. Mais avec ma chance accoutumée j'ai
perdu dix-huit francs en l'espace d'une demi-heure
en jouant tout petit jeu. Aussi j'ai cessé de jouer et
je n'ai plus fait que regarder. Hier par malheur j'ai
joué au bridge. Aussitôt j'ai perdu 9 francs !
quoique au quart de centime. Depuis la pluie j'ai
lu pas mal. *L'hôtel de Rambouillet* m'a beaucoup
amusée. J'ai lu aussi *le Songe* de Montherlant et
Sous le soleil de Satan mais hélas il faut que
j'attende que maman ait fini les autres pour continuer la série. C'est très curieux et assez fatigant à
lire et pas très agréable, mais je voudrais beaucoup
les lire tous les trois pour savoir à quoi il veut arriver.

J'ai reçu une carte de Madeleine M. de T. de
Fontenay me disant que sa grand-mère a eu une
attaque de paralysie et est au plus mal, ils ont été
rappelés d'urgence de Deauville le 30 août. Depuis
son état est stationnaire. Je pense que tu dois être
bien heureux à l'idée de voir demain maman.

Si seulement elle pouvait être un peu tranquille à
Paris. Je t'embrasse très tendrement.

Françoise

Paris, samedi 13 septembre 1930

Deux mots ma bonne Françoise, et bien tardifs pour te remercier de ta gentille lettre de mardi dernier. Oui, moi aussi, j'aurai grand plaisir de te montrer Fontainebleau et de te mener à Barbizon où nous avons visité la maison et l'atelier de J. F. Millet. On y est piloté par un monsieur, ressemblant beaucoup à M. Chapelot, qui a un culte pour la mémoire de ce pauvre grand artiste qui éleva neuf enfants dans une misère noire.

Notre temps ici est très occupé depuis que ta maman est arrivée. Elle te racontera tout ce que nous avons fait y compris quelques repas délectables, notamment à la rôtisserie périgourdine avec les Hurel.

Hier soir, invités ta maman et moi par les Chaix, nous avons passé une soirée charmante, tous quatre. Temps plutôt morose qui me fait penser à vous. Le morceau de sucre doit être complètement déserté maintenant.

C'est maintenant chose décidée ; je serai en jeune premier au mariage c'est-à-dire sans le haut-de-forme. Les Chaix ont approuvé hautement tout en m'offrant le prêt d'un instrument aussi incommode.

Dans huit jours je m'embarquerai avec Phi. et j'aurai encore ainsi une semaine auprès de vous tous.

Je t'embrasse tendrement.

H. Marette

1931

Samedi 3 octobre 1931 – 11 h 30 du soir

Mon cher Papa,

J'avais d'abord pensé t'envoyer à Deauville un télégramme pour te dire que je ne rentrerais pas lundi comme je l'avais prévu, puis j'ai pensé que vous pourriez interpréter la chose d'une manière alarmante : que je me sois fait mal ou que je sois malade etc. Aussi je préfère te mettre cette lettre demain à mon passage à Avignon.

Oui j'ai encore prolongé mon séjour de deux jours [12] ! Tu dois penser que j'exagère. J'ai longuement hésité. Voilà ce qui se passe. Les D. ont une tante, la tante E., qui pour raisons de santé absolument défaillante vit à Dieulefit, petit patelin dans la Drôme, et qui est un être à part dans l'humanité, une sorte de sorcière physiquement, moralement une sainte, très artiste et qui ne vit que par miracle d'énergie. On voudrait beaucoup que je connaisse cette femme extraordinaire. Cela n'a pas pu s'arranger jusqu'ici et ils vont la chercher mardi en auto. Ce serait dommage de la manquer pour deux jours car je crois qu'elle vaut ce retard si il ne gêne ni ici ni à la maison. Pour ici je suis assez discrète pour voir que je fais plaisir au contraire en restant. Pour la maison c'est différent et c'est pourquoi j'ai hésité. Mais en y réfléchissant 2 jours ne font pas grand chose, surtout si maman ne rentre que mercredi.

Dans tous les cas je t'enverrai un télégramme mercredi ou mardi pour te dire l'heure de mon train. Mais ne viens pas me chercher, surtout si maman est rentrée. Je prendrai un taxi. Je ne voudrais pas être la moindre cause de dérangement. Ta lettre m'a fait bien plaisir, je l'ai reçue ce matin. Je voudrais que la mienne ne te soit pas une désillusion en annonçant ce nouveau retard. Pour le billet il y a arrangement avec la gare de Pernes.

Je pense que pendant que je vous écris à tous deux, à deux adresses différentes deux lettres que vous recevrez lundi chacun de votre côté, toi et maman, je pense que vous êtes réunis ce soir à la Coccinelle pour la dernière fois de l'été. Demain pour l'anniversaire de maman ma place sera vide mais je penserai à vous. Je serai à cette heure-là au pont du Gard probablement car s'il fait beau nous allons voir à Nîmes une « corrida de toros » par des Espagnols, unique représentation de l'année de ce genre.

Nous déjeunerons en route, prendrons nos billets qui sont retenus, à une heure, visiterons Nîmes pour ceux qui ne l'ont pas vu encore puis à trois heures monterons pensant à nos semblables il y a deux mille ans, prendre place sur les gradins. Le soir nous passerons par Avignon pour laisser au train Marcel S. et rentrerons tard, pour huit heures et demie à la Bastide où un dîner froid nous attendra. Pour la corrida j'ai naturellement dit que je paierai ma place. Edmond n'en a plus trouvé à moins de cinquante francs, il était penaud d'avoir à me dire cela mais je crois que tu ne seras pas fâché. C'est une occasion inespérée qu'il aurait été dommage de laisser passer. Nous y allons à six dans la C4! Tout cela si le temps se maintient; s'il pleut la corrida est supprimée. Je m'excuse de terminer là ma lettre mais même avec le changement d'heure il se fait tard (onze heures et demie) et pour la messe à Pernes, aller à pied, la journée commence tôt. Je t'embrasse bien tendrement. Ce que maman me dit sur les V. m'a atterrée mais pas surprise.

Françoise

1932

Mon cher Papa, quel bonheur de t'avoir déjà demain. C'est une bonne idée de venir le jour de ton anniversaire. Mais avant que tu n'arrives je veux t'envoyer mes pensées pour qu'elles t'accompagnent jusqu'ici. Je suis contente que tu aies pu te libérer un peu plus tôt car je t'ai trouvé fatigué l'autre jour quand tu repartais. Maman m'a dit que tu avais acheté des cravates et que tu espérais que je te trouverais assez beau comme cela. Si c'est pour me taquiner oui mais si tu penses ce que tu écris tu me fais de la peine, je n'ai pas voulu t'ennuyer en te disant cela l'autre jour et si tu l'as pris ainsi j'en suis navrée.

Le temps est très irrégulier. Aujourd'hui pluie toute la journée et ce soir depuis cinq heures temps radieux. Nicole[13] a toujours de la fièvre mais moins.

Le spécialiste de Lisieux, nez-gorge-oreilles, est

venu ce matin il l'a bien examinée. Conclusion : elle n'a rien aux oreilles. C'est le climat de Deauville le seul responsable et qui produit toujours l'inflammation des végétations chez les enfants qui en ont beaucoup. Il a prescrit de plus forts désinfectants à lui mettre dans le nez et dit qu'aussitôt la fièvre cessée la sortir mais ne jamais la conduire à la plage, fuir dans la campagne ou rester au jardin. Il dit que c'est spécial à cette plage-ci, très malsaine. Yvonne et Pierre sont tranquillisés maintenant car ils craignaient qu'elle ne prépare une otite. Nous sommes allés voir aujourd'hui *le Congrès s'amuse* au cinéma des Ambassadeurs. Leur appareil sonore est très bon et ce film est très gentil.

J'ai téléphoné ce matin à Madeleine M. de T. Depuis quelques jours, elle n'était jamais là quand je téléphonais. Je voulais aller lui tenir un peu compagnie la croyant seule, mais elle n'a pas un moment jusqu'à vendredi après-midi. Des amis venaient chez eux aujourd'hui, demain ils vont à Houlgate chez d'autres et c'est tout le temps comme cela. C'est invraisemblable. Il semble que ce deuil n'ait rien modifié à leur vie agitée.

Et l'autre jour à Yvonne, Madeleine a dit que pour le 15 août ils allaient organiser quelque chose « pour qu'on s'amuse ». Je suis sidérée et cependant je suis convaincue qu'ils ont du chagrin.

À demain mon cher Papa, je te souhaite ton

anniversaire par cette lettre et je te remercie de tout mon cœur pour la vie facile et agréable que tu me fais à moi qui serais en âge de me débrouiller seule et surtout pendant cette période où il y a tant de malheureux parmi les plus favorisés.

Je t'embrasse bien tendrement.

Françoise

1933

Mon cher papa, à part un tout petit mot sur une carte postale je ne t'ai pas encore écrit, et pourtant à tout moment je pense à toi pour te remercier de m'offrir un si beau voyage et en même temps pour te regretter.

C'est merveilleux !

Nous avons un temps radieux, des couchers de soleil sans nuage mais aux couleurs attendrissantes. Ce n'est pas encore la lumière tout à fait dure du plein été, le ciel est bleu azur soutenu, les blancs sont éclatants, les murs rouges se détachent chaudement sur ce fond uniformément pur. Partout des fleurs. Des églantiers à fleurs géantes à Tanger. Ici des iris blancs, des mimosas, des daturas en fleurs et des orangers, le long des routes des eucalyptus, de la menthe, parmi les broussailles de grosses raquettes à piquants, les feuilles du figuier de Barbarie.

Au soleil tapant, entre onze heures et quatre heures tous ces parfums s'exaspèrent, et dans certains coins un léger coup de vent vous apporte une vague grisante.

J'aime beaucoup Rabat. Je trouve que la ville française est très belle. Cela a beaucoup changé paraît-il depuis ton passage. Beaucoup de maisons modernes d'un blanc éclatant ont été construites dont les lignes droites et les volumes que tu n'aimes pas toujours à Paris sont ici d'un effet très heureux. Mais moi, j'aime le moderne. Je regrette de n'avoir pas à m'installer pour rapporter d'ici des tapis, des fauteuils et des tissus d'ameublement. Beaucoup de choses difficiles à placer dans un ameublement ancien seraient si bien mises en valeur dans des pièces modernes.

J'ai vu le jardin des Oudaïas, mais le soir seulement vers six heures, dans une lumière douce, presque violette. Il n'y avait plus de visiteurs. Sur un banc rêvait très tristement un légionnaire. Le soleil était si bas qu'il éclairait seulement le haut des murs crénelés. J'ai senti l'odeur des feuilles froissées du géranium rosat, celle, âcre et désagréable des fleurs de daturas que je ne connaissais pas encore. Quand nous quittions la casbah des Oudaïas, il était presque nuit, c'était l'heure où les mendiants eux-mêmes sont lassés de répéter sans arrêts leur monologue fastidieux. Les cigognes ne caquetaient plus. C'était le silence qui commençait. Je quittais le jardin des Oudaïas très mélancolique. Nous reprenions alors l'auto, aux phares, nous allions dans la grande rue Dar-el-Marzen ! Quelle déception, à cette heure si calme pour la nature les cafés regorgent de monde. Le tout-Rabat divisé en deux groupes. Ceux qui sont assis pour regarder passer ceux qui déambulent pour se montrer. Des lumières électriques, des cris, des rencontres, des phrases de politesse, tout cela vide, et qui vous rend d'une tristesse un peu méchante alors que la tristesse du soir qui vient est plutôt douce et attendrissante. Heureusement, les courses faites on rentre chez soi, c'est-à-dire au camp d'aviation où on est loin de tout et bien calme.

À Rabat j'ai encore visité le Chellah dont maman a dû te parler et les souks, ce matin.

Mais je m'aperçois que je ne t'ai pas encore dit un mot de Nic, Pierre et Yvonne. Quelle joie de les revoir. Tous dans un état sanitaire (ô toubib) plus que satisfaisant. Pierre pas bouffi, Yvonne très bonne mine et un peu engraissée. Quant à Nic, une petite fille adorable. Élancée mais encore potelée, une peau dorée et surtout très débrouillée, très drôle, affectueuse et bien facile. Elle s'attendait certainement à autre chose qu'à nous en chair et en os. Elle nous attendait avec Yvonne et est accourue à notre arrivée en riant aux éclats pour voir grand-mère Suzanne et Marraine. Mais en nous voyant descendre de l'auto elle s'est arrêtée brusquement, nous a regardées l'air sérieux tout d'un coup et nous a juste donné la main. Mais elle ne nous quittait plus des yeux et au bout de quelques minutes elle nous embrassait et nous faisait un beau sourire. Certainement nous n'étions pas des étrangères pour elle sinon elle nous aurait regardées sans rien dire et sans sourire pendant plusieurs jours si même elle n'avait pas fait de scène car elle vit forcément très seule et les figures nouvelles l'intimident (sauf les Arabes).

Nicky ne parle guère encore. Pîou-Pîou les oiseaux – Papa, maman, Mima, Diss (l'ordonnance Driss), Bâoum le ballon, aquette la raquette, pappé les poupées, cac les sacs et elle-même : gnagna Câquette (Nicky Marette). Grand-mère Suzanne cela fait depuis hier « tataïne » puis « touyane ». Moi elle ne m'appelle pas encore mais j'espère que cela viendra. Elle nous montre toujours du doigt sans erreur sur le groupe, et elle appelle encore l'oncle Jacques comme à Paris « Jââ ». Pierre et Yvonne sont très heureux et font plaisir à voir. Leur vie est très simple et très saine. Peut-être un peu trop simple pour mes goûts encore trop compliqués de Parisienne, mais je crois qu'ils sont plus près de la vérité.

Je pars demain avec Yvonne en car à six heures du matin pour Meknès où nous arriverons à neuf heures et demie. Nous irons déposer notre valise à l'hôtel, nous visiterons la ville, déjeunerons chez les Pennès, l'après-midi Volubilis et Moulay-Idriss. Dimanche nous serons à Fez toute la journée et repartirons lundi matin de Meknès à six heures. pour être ici à neuf heures et demie.

Une autre fois nous repartirons deux jours pour Marrakech, ce sera du jeudi au samedi saint, en train cette fois.

Il faut que je te quitte car il y a ce soir une belle cérémonie à cause de la fête du mouton qui a commencé hier (Aïd-el-Kébir). Hier matin il y a eu prière en public du Sultan avec une escorte magnifique. Ce soir il y a Hedya, et Fantasia, et c'est dans un quart d'heure. Je dois fermer ma lettre pour qu'elle parte. Excuse mon écriture à la fin je suis très pressée. Je t'embrasse très très tendrement mon cher Papa et ne sais comment te dire ma reconnaissance.

Françoise

Lundi 15 mai 1933

Tu me fais une peine infinie, ma petite Françoise, et tu n'as pas l'air de t'en douter !

Depuis que tu as commencé ta médecine[15] tu as changé à vue d'œil, et ton attitude me navre.

Ton attitude envers ta maman et moi, parce qu'elle nous semble révéler une Vava très différente de celle que nous avons connue et dont la

marque était la simplicité, la modestie et une affection si tendre ! Tu nous considères comme des
vieux gêneurs, tu es souvent fort peu polie, pour
ne pas dire plus, bref tu as l'air de nous supporter
avec impatience. Tu es la seule fille qui nous reste,
hélas, tu devrais être pour ta maman, malgré tes
études, une compagne affectueuse... C'est un beau
rêve après tant d'autres, que ta mère a vu s'envo-
ler.

T'en rends-tu compte ? Je veux espérer que non
car ce serait trop cruel, mais tu pourrais t'en
rendre compte si tu voulais rentrer en toi-même et
comparer ton attitude passée à celle d'aujourd'hui.

Ne me dis pas que tu n'es plus une enfant et que
les années ont passé.

Les années en s'accumulant n'ont jamais étouffé
l'affection filiale, et même le simple respect filial
chez ceux qui ont le cœur bien placé.

Qu'est-ce qui s'est donc passé en toi ? Qui a pu
te mettre en tête les idées que tu manifestes avec si
peu de retenue ?

Tu subis avec une candeur inimaginable l'influence de quelques-uns – un surtout – que tu fré-
quentes. Sensible à la flatterie, tu te laisses aller –
et pour les satisfactions d'amour-propre hélas bien
passagères, tu renies tout ton passé et, chose bien
plus grave encore, tu gâches ton avenir avec une
inconscience effroyable.

Sous prétexte que je ne dis rien ou presque, tu

en conclus peut-être que mon affection m'aveugle ? Quelle erreur est la tienne. Ma pauvre enfant, je vois clair, terriblement clair, mais tu es insaisissable, tu ne veux pas raisonner pour ne pas voir et te complaire dans ces idées nouvelles, dans ces flatteries dont probablement par inconscience ou dilettantisme sadiques quelques-uns sont prodigues à ton égard… Alors je ne peux rien te dire, mais les grandes douleurs sont muettes. Ma pauvre enfant, ne le sens-tu pas ?

Tu devrais faire, quand il en est temps encore, ton examen de conscience. Tu verrais à quel point tu cèdes à un orgueil lamentable, et tu reconnaîtrais, du moins je l'espère, que c'est en tes parents seulement que tu peux avoir confiance. Eux seuls ne sont guidés, dans leurs conseils, que par une affection sincère, sans arrière-pensée aucune, et *clairvoyante*. L'intelligence vois-tu n'est pas tout. Elle ne mène à rien de bien, à rien de sérieux et durable si elle n'est pas étayée par les qualités morales qui doivent la mettre en valeur, la soutenir de leur pondération.

Or en toi ma pauvre petite, je vois s'atténuer tes qualités de cœur de jour en jour et se manifester un orgueil qui te conduira à ta perte si tu ne réagis pas.

M'écouteras-tu seulement ? Je n'ose me répondre à moi-même et c'est terrible d'en arriver à ce doute.

Je te vois t'éloigner des tiens chaque jour, de ceux qui ont tant voulu ton bonheur, qui n'ont encore pas d'autre but, et que leur affection pour toi guide seule. Bientôt tu tourneras le chemin et les ayant perdus de vue tu les oublieras ! Est-ce cela vraiment que tu vas faire. Est-ce pour en arriver là que j'aurais travaillé toute ma vie. Je n'ai sans doute plus guère d'années devant moi. Est-ce cela que tu nous réserves ?

Je t'en supplie, ma pauvre enfant, réveille-toi – sors de ces erreurs – il sera bientôt trop tard.

H. Marette

D'Henry Marette à ses enfants[16]
Paris, 20 mai 1933

Mes chers enfants,

Ces quelques mots me déchirent l'âme, car ce sont des mots d'adieu, d'un adieu un peu trop tôt prononcé à mon gré car j'aurais voulu, comme c'était mon désir, vous conduire encore un peu plus loin dans l'existence. Cela n'est pas possible.

Je veux donc vous dire que je n'ai vécu que pour votre maman et pour vous – et que vous avez été tout pour moi. La mort prématurée de votre grande sœur a été une dure épreuve et je ne vous en ai aimés que davantage.

Je vous demande d'entourer votre maman d'une affection sans bornes, comme est celle qu'elle vous porte. Aimez-la, et vous, les grands, Pierre, Jean, Françoise, Philippe, aidez-la. Elle demeure avec un gros fardeau, elle est courageuse, mais combien sa tâche sera plus légère, soulagée de toute votre affection.

Promettez-moi de toujours suivre la voie qui fut la nôtre à votre maman et à moi. Soyez simples, bons, honnêtes, ayez le culte du devoir, une ambition raisonnée ; soyez sévères pour vous, justes envers les autres, ayez chacun quelques bons amis. Donnez plus que vous ne recevez.

Restez toujours unis étroitement. Que les aînés aident les plus jeunes, que les plus heureux aident les moins heureux, faites cela sans orgueil, simplement – acceptez-le sans humiliation ni rancœur. N'attachez pas d'importance aux petits froissements et rejetez tout ce qui pourrait tendre à vous désunir.

Pensez quelquefois à votre papa, dites-vous que de là où il sera il vous verra, veillera sur vous et sera réjoui de vous voir devenir ce qu'il désire. En pensant à lui, regrettez-le un peu, mais ne vous attristez pas, soyez courageux toujours. À votre tour créez chacun une famille et faites de vos enfants des hommes.

Je vous aime profondément, mes chers petits et je vous embrasse du plus profond de mon cœur sans oublier Yvonne ni Nicky.

H. Marette

1934

Cher papa, cela me faisait de la peine de te laisser ce matin avec ta douleur de reins. Je sais que ma présence ne te sert à rien et ce n'est pas cela qui me faisait le cœur gros, mais c'est de partir – moi – sous prétexte que je suis fatiguée, alors que tu l'es bien plus et que tu es obligé de rester. J'aurais voulu te dire merci pour tout ce que tu as fait pour moi et tellement merci surtout pour ce que tu as été pour moi cette année, indulgent, compréhensif et si tendrement paternel. Excuse-moi si je trouve mal les mots pour l'écrire et encore moins pour le dire mais je voudrais tant que tu saches que je t'aime malgré mon apparence qui te déçoit souvent je le sais. Je n'oublierai jamais les mots que tu m'as dits cette année au mois de février. Et à ce moment-là, si je ne t'avais pas eu pour m'obliger à me faire soigner – peut-être ne le sais-tu pas ? – je n'aurais jamais eu de moi-même le courage d'entreprendre la moindre chose (encore moins la psychanalyse) pour sortir de ma détresse. Mon plus grand désir maintenant c'est de conduire jusqu'au bout ce très pénible traitement parce que je sais que ce sera la meilleure façon de te remercier en devenant une femme – au sens plein du mot – dont tu pourras être fier, et cela simplement en laissant agir en moi la nature que tu m'as donnée. Je sais le gros sacrifice que tu fais pour moi. Il n'est rien – m'as-tu dit – en comparaison de ce que tu donnerais pour mon bonheur. Eh bien de ce mot-là, papa, jamais je ne pourrai t'aimer assez pour t'en remercier. Je t'embrasse très fort, papa. Viens bientôt. Je voudrais avoir de tes nouvelles et aussi que tu viennes.

Françoise

Mardi 24 juillet 1934

J'ai été profondément touché, ma chère petite, des termes de ta lettre.

Tu y as mis, je l'ai senti, tout ton cœur qui sait être bon et simple quand il s'exprime par écrit. Moi aussi je compte avec toi que ce traitement qui a déjà eu d'heureux résultats t'aidera à transformer ta nature et que tu seras comme tu le dis une vraie femme, ce qui ajoutera du charme à tes autres qualités. Ce jour-là je serai pleinement content.

Je n'ai pas parlé de ta lettre à ta maman. Elle a beaucoup de peine crois-le et je serais content si tu savais lui exprimer à elle aussi les sentiments d'affection qu'au fond de toi-même tu ressens pour elle qui t'a tant soignée, cajolée et espéré en toi. L'incompréhension où elle te voit lui cause un chagrin profond qui la mine et quelques bons mouvements de ta part seraient pour elle un réconfort dont tu ne soupçonnes pas la valeur.

André est depuis hier soir à Montbard[18]. Moi je souffre du dos atrocement toujours. Une radio m'a montré hier que ce n'est pas les reins, donc c'est un effort musculaire et peut-être un peu le froid. Encore quelques jours de patience.

Repose-toi et surtout ménage ta santé. Pas de drogues pour maigrir.

Je t'embrasse tendrement.

H. Marette

29 juillet 1934[19]

Cher Papa, je suis bien contente que tu arrives dès le milieu de cette semaine. J'ai aujourd'hui et déjà un peu hier un mal de reins formidable qui me fait penser au tien ; mais le mien vient de la mer si forte ces jours-ci qu'on arbore le drapeau rouge. En étant très prudent il n'y a aucun danger ; c'est plutôt par précaution qu'ils le mettent à cause des

baigneurs d'occasion des week-ends. Ce sont les
grandes marées de juillet aussi je crois que c'est la
principale raison du temps incertain et du très
grand vent que nous avons. Les quelques bains
avec des vagues qui vous fouettent, quelques par-
ties de tennis, le vrai repos que j'ai depuis huit
jours ici ont complètement transformé ma mine.
De plus je mange comme un loup, à la jouvence,
c'est excellent et je profite des parts de melon, et
crustacés (tous les jours crevettes et presque tous
les jours moules ou homard ou langoustines etc.)
de Mademoiselle. Mademoiselle m'a avoué aujour-
d'hui et elle l'avait dit à Pauline qui était du même
avis qu'elle, que je lui avais fait peur tant j'avais
une sale tête en arrivant. Eh bien tu jugeras toi-
même. Sans prendre de drogues pour maigrir (car
tu as beau le croire je n'en ai pas pris cette année)
je ne crois pas que j'aie grossi. D'ailleurs je me suis
pesée chez Lemeille en arrivant et je surveillerai de
temps à autre. Tu devrais bien demander à Rouy si
tu ne pourrais pas prendre du cidre car si tu le
pouvais au moins de temps à autre quel régal sera
pour toi celui qui est à la cave ! Vendredi, il y avait
tant de vent qu'il était impossible de jouer au tennis et même de se tenir sur la plage. J'en ai profité
pour faire une belle promenade à pied, merveilleuse. Je ne connaissais le coteau de Trouville
que pour y être passée en auto, aussi j'y suis allée
cette fois à pied pour changer de celui de Deauville

que je connais par cœur. Je suis ainsi allée à Hennequeville par des chemins creux, abrités du vent, au soleil et j'ai pu marcher une heure et demie sans rencontrer d'auto ! J'ai bavardé avec des paysans, des fermières que je rencontrais. Puis je suis passée par la Croix Sonnet. De là à Touques et retour par Saint-Arnoult. Le soir il y avait de gros nuages pleins d'ombres et de lumière sur un ciel balayé par places. J'étais ravie de ma promenade, les pieds seulement un peu las à partir du croisement de la route qui monte à l'hôtel du New-Golf, mais l'esprit dispos et en rentrant une faim de loup pour le dîner. Je suis tout à fait enthousiasmée de la campagne de Trouville. Je t'embrasse bien tendrement mon cher papa.

Françoise

1935

Mon cher Papa, j'ai reçu les cartes de maman envoyées au cours de votre voyage rapide vers Le Croisic. La dernière était au moment de vos anicroches du carburateur. J'espère que cela ne vous aura pas sérieusement retardés.

Je te remercie beaucoup du mot que tu avais laissé pour moi à la maison. Comme toi naturellement l'idée de rester un mois et demi sans te voir me faisait beaucoup de peine. Je mets ce verbe au passé parce que je crois que je vais venir au moment du 15 août. Voici, je pourrais venir pour le dimanche, peut-être pas chaque fois mais un sur deux par exemple quoique Grenaudier[20] m'ait proposé de venir lui-même tous les dimanches pour que je puisse prendre congé ce jour-là. Mais plutôt que de prendre seulement du samedi midi au lundi matin plusieurs fois – ce qui reviendrait cher de voyage et serait assez fatigant – j'aime mieux

venir quelques jours au 15 août. C'est possible à
la condition que l'Assistance ne le sache pas pour
qu'on ne retranche pas ces jours-là de mes
vacances. Il suffit pour cela que j'aie un camarade
sûr qui signe pour moi chaque jour. Pour le reste
c'est-à-dire le service de la consultation, Grenaudier viendra et c'est lui qui m'a dit de lui-même
que si je pouvais faire signer à ma place il me donnait toutes les permissions. Par exemple je pourrais venir du mercredi 14 au lundi 19. Je serais
ravie de ce resquillage et comme je suis en très
bons termes avec tous mes camarades je crois que
cela s'arrangera. Je dis je crois parce que les
externes du service qui seront là au 15 août ne
sont pas encore revenus de congé. La seule chose
qui m'ennuie un peu c'est que j'ai peur de gêner à
la Coccinelle et d'envoyer quelqu'un… dans la
baignoire. Pourquoi est ce qu'on ne mettrait pas
un lit pliant – pour moi – dans le cabinet de toilette. Pour quelques jours cela vaudrait peut-être
mieux que de changer les habitudes de Nic soit en
la remettant avec ses parents, soit en lui changeant
son compagnon de chambre. Enfin maman verra.
Je crois que vous serez aussi contents que moi que
je vienne quelques jours aussi je ne me fais pas
trop de scrupules. C'est demain, mon cher Papa,
ton anniversaire. Je voudrais à cette occasion, si je
le pouvais, te dire toute la tendresse que j'ai pour
toi. Combien je souhaite une vie sans d'autres

mauvais moments, au moins dans ta vie de la maison puisque pour celle du dehors il y a des ennuis pour tous. Je t'aime et je voudrais avoir beaucoup d'années pour te le montrer et essayer de te faire oublier toutes les années de ma jeunesse où par une aberration dont tu devais souffrir – parce que tu n'y étais pour rien – je ne pouvais te montrer presque que de l'indifférence. Si tu savais, Papa, ce que tu es pour moi. Surtout que c'est encore grâce à toi que j'ai pu en perdant ma névrose, ouvrir les yeux à la vie telle qu'elle est ; ce n'est pas drôle toujours mais ta présence et ton affection m'ont aidée plus encore que le sacrifice matériel que tu as fait pour moi. Je voudrais t'embrasser, tu es loin, mais si tu peux me sentir bien près de toi au moment où tu repenseras à toute ta vie d'homme bien remplie et si loyalement conduite, alors je serai bien contente.

Maintenant ça a l'air bête, je suis tout émue en t'écrivant et voilà que j'ai à te dire des choses tout à fait différentes.

Question changement d'adresse : je fais tout envoyer à Deauville sauf les journaux de coupons et journal du Commerce enfin quelques prospectus notoirement sans intérêt et en enveloppes ouvertes.

Charlotte t'a peut-être dit que le deuxième jour chez elle, j'ai perdu un plombage. Aussitôt à Paris je suis allée chez Primak. J'ai eu la chance qu'elle soit encore là. Elle m'a tout fait hier en une séance et j'y retourne quelques minutes aujourd'hui pour le polissage. Elle part ce soir.

Je suis allée hier vendredi déjeuner chez Jean et Jacqueline. Je l'ai trouvée très bien. Elle va bien en effet, ne souffre pas du tout et est très raisonnable. J'ai trouvé au contraire Jean très fatigué avec les yeux rouges comme cela lui est habituel quand il est fatigué.

L'arrangement de Lina va très bien. Elle va le matin chez eux, puis fait la vaisselle de leur déjeuner et prépare leur dîner qu'on n'a qu'à réchauffer et elle vient pour moi vers deux heures, fait ma chambre et la vaisselle que je laisse dans la cuisine. Elle fera les nettoyages de l'appartement plus tard quand Jacqueline sera absente.

Je t'embrasse bien tendrement mon cher papa, je te charge de remercier beaucoup maman de ses cartes et de l'embrasser pour moi.

Beaucoup de choses aux Dauvin.

Françoise

Hôtel de la Loube - La Roquebrussane - Var[21]
25 septembre 1935

Mon cher Papa,

Je viens de passer deux journées excellentes. Hier déjeuner chez les Laforgue; il y a aux Chabert dans ce moment la mère du docteur et la mère de madame et deux amis.

Tout l'après-midi j'ai vendangé et j'oublie le bain dans leur piscine devant la maison avant le déjeuner. Leur propriété est typiquement provençale, une maison jaune avec des pergolas, un jardin de rocaille et des cyprès qui le protègent du mistral. Actuellement d'ailleurs je l'ai vue très améliorée déjà, on y travaille beaucoup et ce sera tout à fait bien quand les jardins seront tracés, le mur terminé. Avec cela il y a cent hectares de terrain dont une quarantaine de cultures, et là-dessus une trentaine de vignes. Ils font leur vin eux-mêmes et il est remarquable, d'ailleurs ils ont des sortes différentes. Le reste du terrain ce sont des collines avec des oliviers, le paysage si aimable de la Provence que j'aime, vallonné et entouré au loin de lointains élevés aux plans successifs caractérisés chacun par un bleu différent.

J'ai dîné encore chez eux et après avoir parlé avec L. j'ai décidé de profiter de ces vacances où je suis libre comme l'air et où la vie simple dans

cette belle nature me plaît à rester pour une huitaine de jours dans ce patelin à quatre kilomètres
des Chabert et à prendre chaque jour une séance
de psychanalyse afin de mettre au clair le travail
considérable à mon avis – et au sien, je crois aussi
– que cet été à Paris et ce voyage seule m'ont fait
faire.

Pour cela je modifie un peu la suite de mes projets. Je renonce à la balade en Haute-Provence de
Moustiers. J'irai seulement à Nice par le littoral,
là je resterai deux jours pour les deux excursions à
Peira Cave et des Gorges de Daluis que j'avais en
vue. Et je reviendrai directement sur Avignon, en
renonçant sans doute aussi à Arles dont je rem-
place le séjour tranquille par celui-ci. Au point de
vue du pays j'y gagne car c'est vraiment très beau,
et le patelin est d'une tranquillité merveilleuse.

Aujourd'hui je suis retournée vendanger aussi
toute la journée. C'est épatant. Il y avait un fort
mistral ce matin, moins fort cet après midi. J'ai
préféré venir à La Roquebrussane, l'hôtel y est
tout à fait simple et sympathique ; plutôt que
d'accepter l'hospitalité que Madame Laforgue
m'offrait chez elle. Si tu veux donc m'écrire ici,
cela me fera plaisir j'y serai sans doute jusqu'au
1er octobre inclus. J'ai prévenu la poste de Nice.
Quant à Moustiers ce n'est pas nécessaire puisque
vous saurez que je n'y dois pas aller. De même
au lieu d'envoyer le courrier à Arles aux dates

présumées ce sera à Avignon que j'irai voir si j'ai du courrier avant mon retour pour Paris.

Maman m'a donné de Philippe des nouvelles assez bonnes malgré le dépaysement de ce changement d'atmosphère. Dis-lui que je l'embrasse bien et le remercie de sa carte, je vais lui écrire. Ce soir je suis un peu fatiguée d'avoir vendangé.

Je t'embrasse bien tendrement mon cher Papa, comme je t'aime. Laforgue m'a chargé pour toi de son meilleur souvenir.

Françoise

28 septembre 1935[22]

Mon cher Papa, j'ai reçu ce matin tes deux lettres, celle de Marseille et celle de Nice. Il y a eu des retards dans mes lettres à moi. Je n'y comprends rien car je les postais toujours aussitôt, mais il est vrai toujours à des boîtes en ville. Je me plais beaucoup à La Roquebrussane. J'ai fait la connaissance de quelques amis des L. sympathiques et parmi eux de deux jeunes gens qui habitent aussi à La Roquebrussane ce qui tempère ma solitude, car je suis de ton avis il est bien plus agréable de n'être pas seule quand c'est possible. J'ai très beau temps, je prends de l'exercice (marche et vendanges) et je suis très satisfaite des quelques séances avec L. que je peux avoir dans le calme de cette nature reposante. À très bientôt.

Je t'embrasse bien tendrement.

Françoise

1936

Mon cher Papa, j'ai eu fort peu de temps jusqu'à maintenant et je n'ai pas pu t'écrire. Nous avons eu beau temps pour le congrès qui s'est fort bien passé. J'ai trouvé Phil. avec une excellente mine et un moral qui semble bon. Nous avons couché encore à Nyon samedi soir. Hier dimanche nous avons fait une promenade sur le lac et en autocar un petit tour autour de Genève. Nous étions un petit groupe qui comptait entre autres les Hesnard et Parcheminey. Phil. le soir est retourné à Nyon avec Parcheminey et deux autres personnes et moi je suis restée à Genève. En Suisse il n'y a pas beaucoup de balades en car à cette époque, car il fait froid et il n'y a pas de vue, et je ne suis pas équipée pour aller dans les stations élevées de sports d'hiver aussi j'avais profité de descendre dans le midi par la route Napoléon. Phil. préférait rester sur le lac en attendant votre retour à Paris parce que jeudi les Bortoli vont passer le remonter. J'ai passé la soirée avec les Hesnard (médecin de marine à Toulon). Ce matin j'ai visité Genève. Malheureusement la neige s'est mise à tomber et il est deux heures et demie, cela devient de pire en pire. Mon programme était d'aller à Grenoble par le car cet après-midi. Je viens d'hésiter à rentrer tout de suite à Paris puisque j'ai beaucoup à travailler, mais je vais tout de même aller à Grenoble. Si par hasard il fait beau demain je continuerai vers le sud par la route Napoléon (car PLM) sinon je rentrerai demain soir ou mercredi matin à Paris ce qui est vingt-quatre heures plus tôt que la dernière limite que je m'étais fixée mais ce sera plus raisonnable.

Laforgue nous avait tous deux invités ensemble ou séparément dans son coin. S'il avait fait très beau je l'aurais peut-être fait, mais il nous a dit qu'il pleuvait. Et puis pour travailler, même par la pluie, on n'y est pas disposé en voyage.

J'espère que tout le monde va bien à Deauville et je pense que Do est remise. Je te remercie bien pour ce voyage qui je le crois m'aura été très profitable. J'ai rencontré quelques personnes desquelles j'ai appris bien des choses, en particulier des jeunes filles et femmes suissesses qui font des psychanalyses d'enfant.

Je t'embrasse bien affectueusement.

Françoise

Paris, 4 août 1936

Mon cher Papa,

J'ai reçu ce matin une carte de Saumur de maman. Elle m'annonçait votre arrivée à Angers pour hier soir lundi. Elle ne me dit pas qu'elle a reçu ma lettre d'Azay-le-Rideau. J'en déduis que vous n'êtes peut-être pas allés voir à l'hôtel s'il y avait du courrier et j'ai écrit aujourd'hui même à Azay pour qu'on vous renvoie au Croisic la lettre de maman. Il n'y avait que celle-là. C'est bien triste que vous ayez de la pluie sans arrêt. Nous avons le même temps à Paris et il paraît que dans le midi il fait un temps merveilleux.

J'ai vu Bazire (le pharmacien) qui en revient et m'a dit qu'il y faisait même trop chaud! Je m'en réjouis.

Je pense à ton anniversaire, Papa, à toute ta vie, dont l'autre soir tu m'as raconté les débuts. C'était la première fois que je t'entendais raconter des souvenirs en les revivant. Jusqu'à ce jour les épisodes de ton enfance ou d'après, que tu racontais, restaient entre toi et moi comme des images où on « voyait » un toi que je ne connaissais pas, sans aucun lien avec celui qui parlait. L'autre soir, tu ne parlais pas de toi comme un étranger qui raconte une histoire à titre documentaire, ni pour distraire ou édifier son auditeur ; tu revivais tes souvenirs avec moi comme avec une amie. Comme c'était merveilleux, Papa, et comme je suis heureuse de savoir un peu de ta vie d'enfant et de jeune homme. Tu es tellement plus proche, moins énigmatique quand tu caches moins ton cœur.

Cela t'étonne peut-être que je t'écrive cela. Mais si tu réfléchis, est-ce qu'il n'a pas existé un barrage infranchissable entre nous pendant de longues, longues années, et est-ce que, à toi aussi, cela ne semble pas meilleur de sentir s'effondrer la barrière.

Et puis, si tu veux être tout à fait sincère avec moi, dis-moi si c'est à moi seule qu'incombe la responsabilité de notre ignorance mutuelle l'un de l'autre ?

Il faut mon cher Papa que tu aies encore de longues années de vie pour que je puisse un peu me rattraper de tout ce temps perdu, sans t'avoir connu, n'est-ce pas ? Je t'embrasse fort, comme je t'aime.

Je suis allée à la CPDE. Ils m'ont dit que si l'installation avait été défectueuse, ils auraient coupé le courant. Que par conséquent, s'il y a une réparation elle n'est que facultative. Néanmoins je vais aller voir le propriétaire. Puis retournerai à la compagnie et ils enverront un agent pour vérifier à l'heure que je leur indiquerai.

Je suis allée hier soir au Ciné Ranelagh voir *le Voleur* et *les Gaietés de l'Escadron,* très drôle avec Raimu, dont nous avions vu l'annonce la semaine dernière. Aux actualités, la révolution espagnole montre des spectacles épouvantables.

Je vais faire envoyer *le Jour* à Deauville à partir de samedi. Les matelas sont partis en réfection. Dis-le à maman.

Demain soir mercredi je dîne chez les Jean. Je vous embrasse tous bien affectueusement.

Françoise

Bien des choses à Raymond et à Charlotte pour moi.

Fr.

La Roquebrussanne – Var, 16 août 1936

Mon cher Papa,

Je suis étonnée de n'avoir pas reçu un mot de toi (ni de maman) depuis Saumur. J'ai eu de vos nouvelles et de celles des Dauvin par Philippe ; alors cela ne fait rien mais je me demande si vraiment tu ne m'as rien écrit depuis le 6 août. D'ailleurs j'avais laissé mon adresse à la concierge à Paris et je n'ai rien reçu ici depuis mon arrivée ; alors qu'à Paris j'avais presque tous les jours une lettre au moins.

Je suis très contente d'être venue ici. Excellent travail avec Laforgue. Quel bond j'ai fait en comparant avec l'année dernière, à mon dernier séjour dans ce pays. En même temps, une tout autre attitude devant l'analyse.

L'an dernier et il y a encore quelques mois je considérais cette situation comme inférieure et de dépendance en quelque sorte. Actuellement je travaille avec Laforgue en égale. C'est un travail de collaboration. C'est d'ailleurs la période ennuyeuse, du moins qui en dehors des vacances, le serait, car pour moi-même j'ai l'impression d'être entrée en complète possession de mes moyens mais ce travail final, de synthèse doit-on dire, est indispensable si on veut être à l'abri – pour les autres – de déficiences préjudiciables (surtout après quelques années). Naturellement, la direction d'analyste que je veux prendre commande à mon avis une compréhension encore plus approfondie de ses propres difficultés si on veut être assez libre pour mettre le doigt sur celles de ses malades.

Mais maintenant – et Laforgue est de mon avis – il est inutile d'avoir des séances nombreuses d'affilée. Le meilleur est de vivre et de faire de temps à autres quelques petites séries de mise au point. Je compte donc m'en aller d'ici vers le 25. Mais je suis vraiment bien heureuse de ces premières semaines de mes vacances. Les journées passent avec une rapidité folle partagées entre bains, balades, sieste.

Aux Chaberts, autant qu'à La Roque il y a des gens très sympathiques. Certains que je connaissais déjà, d'autres nouveaux, avec qui la simplicité de la vie a tôt fait de nous faire lier connaissance. Les Anglais dont je parlais à maman sont repartis, car il y avait un mois qu'ils étaient là. Heureusement le jeune David, mon petit ami, est resté aux Chaberts pour quelques semaines encore. Mauco est arrivé, en voiture. Il y a aussi un autre du « Club des Piqués [24] » qui a une voiture si bien que Philippe sera voituré dans ses déplacements. Il est en bonne forme, Philippe. D'humeur encore assez ombrageuse à son arrivée il s'est vite acclimaté. À ma grande surprise il semble satisfait de l'organisation simpliste de ce petit hôtel. J'ai bon espoir pour son analyse. Malgré son caractère épouvantable, il est très intelligent et grâce à cela il arrive à prendre le dessus. Encore ici je veux te remercier mon cher Papa pour ta générosité envers moi et l'amitié si bonne qui nous unit. Beaucoup de tendres bis.

Françoise

La Roquebrussanne – Var, 21 août 1936

Mon cher Papa, je me demande si tu as reçu la carte qui précédait ma lettre à maman où je te donnais, avant même mon arrivée, mon adresse ici.

Quand tu es parti j'attendais une réponse de Laforgue. Je t'avais dit que contrairement à ce que je prévoyais lui escomptait que ma présence ici serait bonne pour Philippe. En venant ici avant lui comme cela s'est décidé au dernier moment cela m'arrangeait pour moi et cela me permettait aussi de m'en aller quand viendrait Phil. au cas où j'aurais trop souffert de son hostilité. À ma grande surprise je dois reconnaître que Laforgue avec sa grande expérience avait raison. Après une à deux journées où un abordage ombrageux s'est adouci peu à peu, notre commun séjour ici est très agréable. Philippe est visiblement très content de ma présence. Il est redevenu avec moi simple comme dans ses meilleurs moments d'avant Sancellenoz[25] et il a pu dans une longue et camarade conversation formuler de vieux griefs, en grande partie justifiés dont nous avons discuté en amis. D'autre part il est gai, de bonne humeur et en bon état physique, malgré les premiers jours difficiles d'une reprise de traitement analytique. Toutes choses qui me font grand plaisir et me récompensent de beaucoup d'efforts qui ne cherchaient pas de récompense et surtout du dernier que représentait pour moi un séjour ici en même temps que lui.

Voici mon cher Papa, je l'espère de quoi te réconforter car dans ta lettre où tu te dis « déconcerté » j'ai pu deviner plus, une sorte de lassitude d'affection, comme si tu étais triste et un peu découragé. Je ne voudrais pas que tu puisses l'être par ma faute, et le ton volontairement détaché de ta lettre m'a fait de la peine.

Je suis ennuyée que Deauville et Trouville te paraissent mornes maintenant, car cela doit attrister tes vacances par le rapprochement que tu dois faire avec les séjours d'autrefois que tu aimais tant. Ni Maman ni toi ne me parlent de vos projets d'achats de propriété ; hier Phil me les a contés. Ces recherches stimulées par les Chaix vont peut-être égayer les dernières semaines de tes vacances.

Ce que je ferai après ici ? je ne le sais pas encore. Je dois discuter de mon départ, dimanche avec Laforgue. J'aimerais tout de même voir quelque chose d'autre avant La Roche Posay ; d'autre part je dois reconnaître que je ne perds pas mon temps, au contraire, ici. De plus, je m'y plais beaucoup dans une atmosphère sympathique. En tous cas tu peux compter que je serai sûrement ici encore jusqu'à mercredi. Mais je t'écrirai alors.

Il y a une chose que je n'ai pas comprise dans ta lettre. Qu'est-ce que tu veux dire par « une bonne période de calme nécessaire (à ta santé et) *à tes nerfs* » ? Je ne vois pas bien ce que tu infères là, car malgré la très réelle fatigue physique de cette année et même la dépense morale, j'ai tout le temps tenu le coup dans un équilibre psychique non instable. Enfin si cela ne t'ennuie pas, tu m'expliqueras cette phrase que tu as peut-être écrite sans raison particulière. Je t'embrasse bien tendrement.

Françoise

La Roquebrussanne, dimanche 30 août 1936

Mon cher Papa,

Comme tu le vois j'ai retardé encore mon départ. Je me plais tant ici, tous me sollicitaient de rester et quitter un endroit où je m'amuse tellement pour quelques journées de promenades plus ou moins solitaires m'a semblé ne pas mériter que je maintienne ma date de départ. Pour avoir même tout à fait le courage de m'en aller avec encore vingt jours de vacances devant moi, alors que Rouy m'avait dit de ne faire que huit à dix jours au maximum de cure, je me permets de voir à l'horizon un retour dans ce pays de vendanges ? ou seulement hélas l'année prochaine peut-être. Ce pays me plaît tant ! l'avantage d'être restée c'est que pour me remercier l'un des Piqués – tous ceux à auto me l'ont offert – me conduira sur le chemin en auto pour m'éviter la correspondance du car.

Il y a les Schlum[26] qui doivent venir mardi mais cela je crois vraiment que j'y renoncerai.

Je me suis amusée, très utilement ces jours der-

niers à marquer avec des flèches de peintures différentes les chemins des trajets variés, de pied,
pour les gens allant de La Roquebrussanne aux
Chaberts et inversement. Car depuis que je suis ici
je devais montrer ces chemins en accompagnant
les gens et il y en avait qui se trompaient encore.
Les gens du pays ont été intrigués, il paraît qu'on
a vu des chasseurs perplexes devant les indica-
tions. Voilà maintenant une question importante.
Je n'ai plus que quatre cent soixante-quinze.

Je pense que j'ai assez pour aller jusqu'à La
Roche-Posay mais je voudrais bien que tu m'envoies
de l'argent pour là-bas. Je me suis demandé si je ne
devais pas écrire à la banque de m'en envoyer. (En
y passant avant de partir de Paris j'avais omis de
demander un carnet de chèques). Tu m'avais dit à
Paris de t'écrire quand je n'aurais plus d'argent
aussi je le fais mais si tu veux j'écrirai de La Roche-
Posay.

J'ai reçu de la Banque l'avis de mise au nomina-
tif de quarante obligations d'Électro-chimie. J'ai à
te dire bien des choses de la part de Laforgue.

À bientôt mon cher Papa.

Je t'embrasse bien tendrement.

Françoise

Écris-moi à la poste restante de La Roche-Posay
Vienne. Ce sera mieux car je ne sais pas encore à
quel hôtel je descendrai. On m'a parlé ici de la

« Colline ensoleillée », petite pension assez bien. Je verrai.

Deauville, jeudi 3 septembre 1936

Hier matin ma chère petite j'ai reçu ta lettre du 30 au moment de monter en voiture. Nous allions déjeuner à Rouen et faire voir la ville à André et Jacques qui ne la connaissaient pas. Belle journée à partir de onze heures, très chaude. J'ai été heureux de revoir les monuments et si nombreuses vieilles maisons de la capitale normande et surtout le musée que je n'avais pas encore visité et qui est important et très beau. Voici trois musées de province – Tours, Nantes et surtout Rouen – qui sont plus qu'intéressants.

Je t'envoie à tout hasard sept cent cinquante francs, car tu ne me dis pas combien tu désires, trouvant que tu n'as pas une suffisante notion de l'argent. Comment feras-tu ma pauvre Françoise, si tu gaspilles de la sorte le peu que tu as ! Cela m'attriste et avant tout m'inquiète.

Notre séjour tire à sa fin. Dimanche matin de bonne heure nous quittons Deauville et visiterons sur le chemin du retour les moulins de Pacy s/Eure et Anet. Le soir dîner chez Do pour son anniversaire (76).

J'aimerais connaître La Roquebrussanne que tu

dis si agréable. Je connais Toulon et sa région jusqu'à Saint-Tropez. C'est très bien, de la beauté spéciale au midi. Je doute que cela vaille à mes yeux la Normandie, ses sites calmes, reposants, à la lumière tempérée, où il me semble que je me transforme dès que je m'y retrouve.

Profite bien de ton séjour à La Roche-Posay et ne néglige pas ce que te dit le toubib de là-bas. Comme lui je trouve que tu n'es pas en bon état. Ton excitation constante en est la preuve (ta dernière lettre renfermait des manques de mots et j'ai eu de la peine à la lire).

Je t'embrasse très tendrement.

H. Marette

1936 *(Hôtel central, La Roche-Posay, Vienne*[27]*)*

Mon cher Papa, j'ai reçu ta lettre avec le mandat et je te remercie. Les choses que tu me dis sont elles tout à fait justes, tu as l'air de me juger si sévèrement et cela me fait beaucoup de peine.

Je suis confuse que ma lettre ait été si mal écrite. J'ai pour excuse de l'avoir écrite un dimanche, à la terrasse de l'hôtel c'est-à-dire (une partie de la place où on joue aux boules) au milieu d'un vacarme épouvantable. Il n'y a pas de tables dans les chambres à la Loube et ma chambre n'est faite que vers six heures du soir et ce n'est pas agréable de s'y tenir.

D'autant qu'il n'y a de place que pour le lit, les valises et la toilette (pas d'armoire) mais des mouches par centaines si on a l'imprudence d'ouvrir ses volets. Et quand ils sont clos on ne voit rien. Comme je voulais que ma lettre parte je l'ai écrite dans le bruit. Est-ce que c'est une excuse valable. Je n'ose le croire, car tu me parles d'une façon plus générale de mon « excitation constante ».

Cela me donne beaucoup de scrupules. Je ne me sens pas du tout agitée, ni nerveuse. Mon activité, autrefois débordante, est apparemment maintenant dans des limites banales. Il est vrai que j'ai de l'entrain, mais est-ce que ce n'est pas partie intégrante de ma nature. Cela ne m'empêche pas de penser ni de savoir goûter le calme de belles heures, de tranquilles soirées, d'un livre intéressant et souvent de ne rien faire, qui est une précieuse acquisition ignorée de l'ancienne Françoise.

Pour l'argent, ne savais-tu pas que deux heures après ton départ j'avais déjà deux cent cinquante francs de moins laissés en arrhes au propriétaire. Puis mon inscription à laisser, des livres à la faculté, les mensualités de vacances du Quillet à laisser, des livres à acheter. Ensuite le voyage avec les inévitables taxis de la maison à l'hôpital et de l'hôpital à la gare, les hôtels. Je ne crois pas avoir dépensé un sou mettons dix francs facultative-

ment. Je m'étais fait des sandwiches et j'ai voyagé
en troisième tout le temps. D'ailleurs je trouve cela
tout naturel. C'est seulement pour t'expliquer.
Nulle part je ne trouverais une vie aussi bon mar-
ché qu'à la Roque (mais il y a le pourboire aux
bonnes). Et ici, c'est hors de prix. Rien que de pension quarante-cinq francs par jour. Et avant de
prendre un bain il m'a fallu payer trois cents
francs ! à l'établissement sans compter les petits
faux frais à venir, comme pourboires aux dou-
cheuses, baigneuses, doucheuse filiforme, et pul-
vérisation (quatre baigneuses !). Ainsi que tu le
vois si je reste mes dix jours ici cela me fera au bas
mot huit cents francs ! sans compter le blanchis-
sage, et encore j'ai sept pour cent de réduction.
C'est un trou où on exploite les gens. Mais l'eau
est bonne, le calme absolu. Et comme mon abon-
nement est pour dix jours, autant en profiter.
Dans l'hôtel où je suis, il y a un établissement
hydrothérapique très bien installé. Les sources
n'ont été reconnues par l'État que depuis janvier
1936 mais étaient déjà exploitées avant. Il y a des
gens très contents de leur cure ici, mais le médecin
qui est ici n'est pas Huet. Celui-ci ne travaille qu'à
l'établissement thermal et sans m'en empêcher
catégoriquement il m'a fait comprendre qu'il préférait l'établissement où d'ailleurs il croyait que les
soins seraient gratuits. Ici, ils l'eussent été.

Je ne néglige rien de ce que m'a dit Huet, mais

je ne veux tout de même pas me frapper et penser comme lui que j'ai une maladie de cœur parce que j'ai une tension basse. Il y a certainement dans notre famille des anomalies circulatoires. La tension de Do et celle de maman qui atteignent avec le sourire et en menant une vie normale des chiffres de grands malades aigus qui théoriquement ne doivent vivre que quelques semaines avec de tels chiffres montrent bien qu'il y a là quelque chose de constitutionnel.

Or c'est une loi physiologique que l'hypotension des jeunes amène l'hypertension plus tard. Autrefois on ne la prenait pas, mais il est fort possible que Do et maman aient eu comme moi une faible tension maxima avec un écart petit, étant jeunes.

Je sais que mes reins sont un point faible et je fais attention. Je me propose d'ailleurs de faire des périodes de régime sans sel dorénavant pendant quinze jours tous les trois ou quatre mois, afin de soulager mes reins. Car il est certain que deux jours de ce régime m'ont déjà fait perdre beaucoup de cette « infiltration » qui beaucoup plus que l'obésité graisseuse durcit mes tissus. Mais enfin ce sont des ennuis banals, il n'y a pas d'être « sain » en soi non plus que « normal » moralement en soi. Et je ne vois pas pourquoi je devrais m'abstenir de marcher vite etc. sous prétexte que je « devrais » avoir un cœur qui ne le supporterait pas. Ne crois-tu pas ? Ce docteur ne me connaît pas et ne connaît pas la famille. La preuve est qu'il se refuse à me croire arthritique ! ainsi qu'ayant eu de l'eczéma !

Tu vois, mon cher Papa, j'ai pour ainsi dire passé mon temps dans cette lettre à me justifier à tes yeux. Et c'est un peu cela en effet dont j'aurais besoin c'est de t'inspirer confiance. C'est d'ailleurs pour cela que tes reproches – tu te dis triste et inquiet – ont trouvé un terrain si vulnérable malgré toute la sérénité avec laquelle je veuille envisager de supporter l'opposition et même le blâme si je crois ne pas le mériter. De toi cela m'est dur. Car c'est dur de se sentir tout à fait isolé. Je sais bien que cela ne veut pas dire que tu m'aimes moins, mais cela veut dire que tu m'aimerais autrement que je suis, dans ma sincérité absolue.

À bientôt mon cher Papa. Je t'embrasse bien tendrement.

   Françoise

1937

4 août 1937, 13 Square Paté, Paris 16^e

Mon cher Papa,

Tu recevras cette lettre en retard car je n'ai pas eu le temps de l'écrire ni hier après-midi, ni ce matin à l'hôpital comme je l'avais espéré.

Je voudrais que tu ne penses pas que je t'ai oublié ce qui serait faux et me ferait de la peine.

Simplement cela te rajeunira de vingt-quatre ou quarante-huit heures puisque en la recevant ce sera ton anniversaire qui de nouveau sera d'actualité.

L'autre soir en vous quittant, je ne t'ai rien dit, cela eût été trop long, mais la confidence indirecte que tu as faite pendant le dîner au « Mouton blanc », en racontant ce que tu avais écrit à Monsieur Vincent m'avait touchée et attristée.

Je me suis demandé pourquoi tu attendais d'un conflit éclaté, avec mort d'hommes, risques impersonnellement et obligatoirement acceptés (sinon subis) le seul droit de retrouver du courage.

Ce n'est pas que je voie l'éventualité d'une guerre sans doute proche, comme une raison de flancher ou de douter de la vie mais c'est le fait d'en attendre le réconfort moral qui m'a fait réfléchir, et me dire que tu devais être bien découragé. Peut-être, objectivement cela s'explique-t-il, mais j'ai l'impression que cela tient à toi. C'est un peu comme si tu jugeais le pays au point d'un individu atteint d'un mal incurable mais qu'une grave opération risque, s'il n'en meurt pas, de le sauver, opération qu'on ne risquerait jamais s'il y avait une chance de guérison spontanée.

Comme cela résonne le désespoir. J'aurais voulu te réconforter ; sur le moment c'était difficile, d'abord parce que j'étais émue que tu te livres ainsi et parce qu'il fallait te laisser dire. Mais ne crois-tu pas que quels que soient les conflits sociaux, les difficultés monétaires ou internationales il y a un trésor dans la vie, la valeur intrinsèque des êtres, indépendamment de leur standing de vie, et cela, rien des difficultés actuelles ne l'a supprimé. Cela est du domaine de la vie, tout simplement, et durera autant qu'elle même quand on a plus d'un demi-siècle derrière soi comme toi – puisque tu nous as. Tu pourrais, et quant à moi puisque c'est moi qui parle – tu me ferais un immense plaisir en le faisant, prendre davantage part à notre vie. Je t'assure que je serais très heureuse si nous pouvions tous les deux parler plus souvent sans contraintes, non plus comme deux générations éloignées, mais comme des amis. Tu t'en défends, pas exprès je le sais bien, comme si tu craignais cette intimité, si tu n'osais pas.

Peur de déranger ? mais non, il n'y a aucune raison. Tu viendrais à un moment mal commode, eh bien tant pis, pour une fois, il y en aurait dix autres où ta venue tomberait bien, et avec un simple coup de téléphone pour prévenir que tu viens ou pour me demander si je peux venir à ta rencontre, on éviterait même ces inutiles dérangements. Pourquoi n'agirais-tu pas aussi simplement avec moi que mes amis et moi de même avec toi. Cela te surprend peut-être, mais c'est un espoir que je garde de te voir bientôt être aussi spontané avec moi.

Il y a des choses dans mes idées, dans ma façon de vivre qui t'étonneraient ?

Eh bien raison de plus pour me connaître et voir en parlant librement de tout avec moi que penser autrement n'est pas un empêchement à l'affection sur le plan amical entre un père et une fille quand celle-ci est « grande », qu'elle pense par elle-même et sait prendre ses risques et ses responsabilités.

Je voudrais, mon cher Papa, que cette lettre t'ait apporté la joie que je voulais t'envoyer par elle. Y ai-je réussi. As-tu compris que je nous voudrais très proches.

Je t'embrasse tendrement.
   Françoise

   P.S. Mon salon est terminé, le bureau aussi. Je cherche des chaises de jardin en fer pour mettre dans la deuxième entrée.
   Quant aux projets de vacances, toujours limbes.
   À l'horizon une Rosengart[28] à deux mille trois cents ??? mais je crois que je descendrai seulement dans le midi et resterai dans coin, un camp avec lits dans des maisons, ou la Roquebrussanne ??? Quand j'aurai plus de précisions je te dirai.
   Bis.
   Fr.
   Bien des choses à maman et Do.

1938

3 juin 1938[29]

Ma chère petite

Tu es venue tout à l'heure me demander si j'avais eu un motif de mécontentement pour t'avoir adressé sans un mot aimable ta mensualité par chèque. Je n'en avais aucun et je te le renouvelle. J'étais pressé – ennuyé au surplus de ne pas t'avoir vue pour te remettre ce qui est convenu – et je n'ai pas un instant pensé que tu pourrais en être peinée.

C'est sans doute parce que tu avais ruminé cette affaire avant de venir que tu t'es présentée aussi sèchement à ta mère, et l'a écartée avec une brutalité qui t'a échappé de notre entretien, je veux le croire. Je passais devant toi en entrant au petit salon et je n'ai pas vu complètement ton geste brusque de fermer la porte devant ta maman qui nous suivait. Ce que tu avais à me dire n'était vraiment pas un secret, de sorte qu'une discourtoisie ne s'imposait pas. Ne le crois-tu pas ?

Pourquoi faut-il, ma pauvre enfant, que tu sois ainsi et ne te rendes plus compte de tes attitudes. Je te le dis profondément attristé – et de plus en plus hélas ! Tu sembles penser que ta maman et moi sommes deux étrangers l'un à l'autre – dont l'un est parfaitement indifférent à ce que l'autre peut subir. Quelle erreur est la tienne !

Ta maman et moi sommes deux vieux compagnons, nous avons accompli du mieux que nous avons pu une tâche longue et parfois bien dure, nous avons éprouvé ensemble joies et douleurs, et ce n'est pas maintenant que notre vie s'achève, que rien nous dissociera. Jusqu'au bout nos joies et nos douleurs seront les mêmes et seront partagées.

Ce que nous aurons fait dans notre vie pour nos enfants, nous l'aurons accompli sans autre espoir que la satisfaction de remplir notre devoir… mais avec la secrète confiance qu'au moins le minimum de respect pour l'un et pour l'autre conjointement nous serait acquis de leur part… et d'égards aussi à défaut de confiance et peut-être d'affection…

Hélas il paraît que tout cela peut et doit se mesurer aussi.

Bref tu as fait à ta maman, et la lui as renouvelée au moment de la quitter, une peine affreuse, que, la porte fermée, elle n'a pas su maîtriser. Cette peine je l'ai comprise quand j'ai pu renouer le fil des petits incidents ou attitudes dont j'avais été le témoin, et je la partage, car elle m'atteint de même manière.

C'est mal, Françoise, de te conduire ainsi. Quoique tu t'en défendes, tu possèdes un orgueil insensé qui te rend brutale et dure et tu traites tes parents avec une désinvolture coupable.

Je ne sais ce que l'avenir te réserve; je souhaite que tu te maries, fondes un foyer, une famille... eh bien! je ne souhaite pas que tes enfants se conduisent de la même manière à ton égard car tu es mon enfant et, quoi que tu puisses nous faire, je ne pourrai jamais te souhaiter du mal. Comprendras-tu, avant que nous mourions, tout ce que ton attitude a d'insolite et de profondément cruel?

L'existence n'est pas une partie de plaisir. Quelles satisfactions en attendre si, au-dessus de tout, on ne place pas le respect des vieux et avant tout de ses parents?

Si tu es incapable de comprendre que tu peux manifester à ta maman de l'hostilité – parfois je crois voir de la haine – et que je puisse me réjouir égoïstement de marques d'affection à mon égard... alors je désespérerai de tout.

Je t'embrasse, ma pauvre petite, le cœur bien triste.

H. Marette

Copie de la lettre du 15 juin 1938

Cher Papa, j'ai reçu ta lettre l'autre jour au moment de partir pour Boutigny. Je n'ai pu la lire que dans le train et d'ailleurs j'étais si loin de penser au drame qu'elle reflétait que j'avais cru en voyant ton écriture que c'était un mot gentil pour me souhaiter bon repos ! je n'avais emporté ni plume ni papier et ne trouvais que du papier écolier dans ce patelin de campagne aussi j'ai attendu Paris.

Depuis, je suis bousculée chaque jour par des rendez-vous qui me laissent peu d'heures de liberté, au cours desquelles cependant je te reviens afin de t'écrire comme je le veux, à cœur ouvert et longuement.

Ce qui m'a peinée dans ta lettre c'est de voir les efforts que tu fais pour obéir à cette triste nécessité d'assombrir tout ce qui est de moi, de me découvrir des instincts vindicatifs et cachés et je ne sais quelles intentions de rivale ou de fillette de trois ans de te séparer de maman – simplement parce que j'ai désiré te parler seul.

Le prétexte de cette porte fermée, n'est pas le vrai motif du drame, tu le sais comme moi – sinon je ne t'aurais même pas répondu – et pourtant quelle peine tu t'es donnée pour rechercher dans les instants obligatoirement rapides que j'ai passés

2 col. Bonnet[30], ce vendredi, le souvenir d'indices inaperçus d'abord qui pouvaient cadrer ensuite avec des interprétations sans aucune réalité.

Je t'assure que si tu n'étais pas malheureux, et si l'atmosphère du 2 col. Bonnet n'était pas si lourdement opaque je croirais à un jeu pour imiter Mauriac ou encore plus vraisemblablement à l'allégation d'un prétexte de mauvaise foi pour m'éloigner définitivement (genre incident de frontière quand on veut déclarer la guerre).

Qu'y a-t-il au juste dans le point de départ, nœud de cette affaire ? rien. Cette porte fermée soi-disant au nez de ma pauvre maman, le fut sans aucune intention de ma part à son égard, et de la manière la plus banale. Maman savait que j'avais à te parler, je l'avais dit en arrivant.

C'est d'ailleurs elle-même qui avec un empressement ostentatoire est allée t'appeler partout alors que je lui disais n'être pas à une minute près bien que je fusse pressée, et qu'il n'était pas nécessaire de te déranger si tu te lavais les mains.

Quand tu as été là, je t'ai suivi au salon.

Fort heureusement (!), maman m'a fait une scène sur le palier quand je suis partie, déjà à propos de cette porte et où je lui avais gentiment répondu que c'était imagination pure et que j'étais trop pressée pour épiloguer mais que « cela se tasserait ». Je dis heureusement, car sans cela, en recevant ta lettre, je ne me serais même pas rappelé qui de toi ou de moi avait fermé cette malencontreuse porte.

Je crois en effet que maman était dans l'anti-chambre, pas seule d'ailleurs, car c'était l'heure d'aller à table. Il y avait André, Mademoiselle peut-être, et Victor venait d'y faire quelques entre-chats pour me convaincre de rester déjeuner.

Je ris – que veux-tu, Victor est le seul à la mai-son qui m'accueille toujours avec le sourire et ses façons sont drôles et puis – tout en écrivant ce roman « à partir d'une porte fermée » me semble si ridicule et compliqué avec les thèmes qui s'y enchâssent que je ne veux y repenser qu'avec bonne humeur afin de ne pas voir dans ta longue lettre, basée sur rien du tout aux griefs si nourris, la triste notification d'une rupture définitive.

Je ne voulais pas partir ces quelques jours sans t'avoir vu après la peine que j'avais eue le matin au reçu de ton chèque, joint à un papier blanc (!) sans un bonjour alors que l'adresse était de ta main.

Je voulais te voir et comprendre pourquoi. Avais-tu une raison de me traiter en étrangère et laquelle ? j'ai bien compris en te voyant que pour toi, m'envoyer de l'argent signifie quelque chose dans l'ordre affectueux. D'une part j'étais rassu-rée, mais de l'autre, le fait même que tu trouves cela naturel m'a peinée.

C'est pourquoi en recevant la lettre le soir je

voulais m'imaginer que tu m'écrivais affectueusement pour me faire oublier ce mot qui m'avait
touchée le matin : « Quand j'écris à une banque je
ne fais pas autrement » comme si j'étais une rela-
tion d'affaires.

Ce que j'avais à te dire ne regardait que toi. Je
n'avais pas une seconde pour t'aller voir au bureau
ou te téléphoner ce jour-là, bousculée que j'étais
par des rendez-vous afin d'être libre le soir, aussi
j'ai trouvé naturel de t'aller voir à l'heure du repas.

Il n'y a rien là d'extraordinaire. Nous avons déjà
eu plusieurs entretiens seuls, sans qu'il ait été question de « secrets » mais seulement de choses qui ne
regardaient que toi et moi.

Voici donc les faits. Mais ta lettre bien que partie d'eux était surtout remplie d'autres griefs et
c'est en toute simplicité mais aussi sans fards que
je vais y répondre. Bien des choses t'étonneront
sans doute, mais au point où nous en sommes je
crois que rien ne pourra embrouiller plus qu'elles
ne le sont déjà tes idées sur moi et la vie que je
mène.

Tout le reste de ta lettre se fait l'écho de revendications de ma pauvre maman. Je ne lui en veux
pas – malgré tout le mal qu'elle a essayé de me
faire dans ma réputation – sans parler pour le
passé, de l'angoisse paralysante qu'elle créait en
moi chaque fois que j'essayais d'aller de l'avant en
me faisant croire que j'agissais mal.

Je pourrais te citer des noms. Je n'ai jamais provoqué ces confidences qui, les premières, m'ont trouvée sceptique mais la répétition habituelle des mêmes propos m'a tout de même convaincue.

J'ai vu revenir, depuis six mois, des amis et des proches qui m'avaient tourné le dos depuis quelques années et qui après m'avoir revue avec méfiance et par curiosité, ont peu à peu constaté de leurs yeux que je n'étais pas conforme au tableau. Ils me l'ont avoué, les uns après les autres en me demandant pardon de l'isolement où ils m'avaient laissée, et surtout d'avoir douté du droit que j'avais à leur estime. Ils étaient logiques avec eux-mêmes.

Ou bien j'étais telle que maman me dépeignait, alors, pour le moins blâmable, sinon à fuir – ou j'étais restée moi-même – quoique douloureusement marquée par ce début dans la vie – absolument seule pour lutter, sans me plaindre en concevant l'espoir des jours meilleurs.

Alors ils étaient contents de me retrouver.

Il n'y a rien dans ma vie qui ne puisse honorer mes parents, mes amis, mon milieu et il n'y a jamais rien eu.

Je me suis vue misérable, longuement découragée, avec la notion exacte de tout ce que je risquais : ou bien de sombrer tout à fait, par manque de résistance (morale ou physique) ou bien d'acquérir au contact des vraies épreuves de la vie qui ne sont pas les débats stériles avec les « qu'en-dira-t-on », les « de quoi ça a l'air », les « la peine que tu me fais », une expérience humaine qui me récompenserait de tout ce que j'aurais souffert. Ce qui me soutenait c'était la certitude d'être dans la bonne voie, et surtout une qualité qui me vient de ton côté (Marette, tes sœurs et toi) et qui n'est pas l'orgueil mais la dignité de soi-même.

Pour toi, je ne sais ce que tu penses. Si ta lettre est sincère, tu ne peux que me détester ou me plaindre comme une égarée, sans m'estimer ni te reconnaître en moi.

Vois-tu, j'en suis à ce point de lassitude de toutes ces histoires machiavéliques que j'aimerais mieux ne plus te voir plutôt que de penser faire apparemment bon accueil, alors que tu penses tout ce que tu m'écris.

Il faut que je te parle des deux autres sujets : mes venues plus rares à la maison ces temps derniers, et mon avenir – deux points qui demandent une réponse, je le sens bien, cette lettre ne peut qu'être longue mon cher vieux papa. C'est pour cela que j'hésitais à la commencer.

Il y a des choses qui – on le sait – doivent arriver un jour ; on voudrait en retarder le moment – mais lorsqu'il est venu, il faut savoir les accueillir.

Cette lettre, confiante mise au point définitive, brisera peut-être tout entre nous et alors mieux vaut maintenant car nous ne pourrions que nous faire plus de mal en continuant à nous voir avec des malentendus entre nous ; mais elle risque aussi de me réhabiliter à tes yeux et de sauver notre affection.

Si je suis « ton » enfant, je ne suis plus « une » enfant. Au lieu d'être « très triste » de m'aimer « malgré tout » tu comprendras peut-être que je suis une femme qui te fait honneur – tout autant qu'à ma mère d'ailleurs. Alors, même si je dois te voir encore plus rarement ou pas – je ne regretterai pas les heures passées à t'écrire.

L'« Histoire Pierre », de ce fameux dimanche que tu te rappelles n'était pas un début ni un incident insolite – depuis des mois il se préparait. Je n'ai jamais eu un mot désagréable ni contre Pierre ni contre sa femme et sa fille. Au contraire car la vérité est que je les aime beaucoup tous les trois. Plus de deux mois avant ce séjour-là j'avais eu la visite d'Yvonne. Nous nous étions moins vues depuis cinq ou six mois, mais la sachant occupée, moi-même ayant fort à faire, je n'avais rien vu là d'étonnant. C'est elle-même qui m'a dit que son éloignement était volontaire. Elle ne pouvait pas me voir sans que maman le sût car elle lui en posait constamment la question et qu'Yvonne ne sait pas se taire ou mentir sans se trahir aussitôt. « Et alors c'est un tel cuisinage me disait-elle, que j'en deviens malade, je dis n'importe quoi, les choses que je ne pense même pas, ou complètement fausses sur toi, et quelquefois sans même rien d'autre que des oui ou des non contradictoires. J'ai tant de peine et de remords vis-à-vis de toi après que j'aime mieux ne plus te voir et pourtant je t'aime beaucoup. »

Cette pauvre petite m'a vraiment fait de la peine ce jour-là. Elle était toute heureuse de voir que je ne lui en voulais pas car les racontars quels qu'ils soient ne changent rien aux faits et ceux-ci tôt ou tard parlent d'eux-mêmes. Et j'ajoutais qu'elle ne se fasse pas de scrupules à l'avenir, et qu'au moins, ensemble, nous parlions d'autre chose que d'intrigues familiales. Yvonne m'avait aussi dit l'hostilité croissante de Pierre contre moi qu'elle ne comprenait pas – alors qu'au moment de la rupture avec E. par exemple il me donnait (on ne sait d'ailleurs pas plus pourquoi) entièrement raison.

Tu vois que les choses se préparaient lentement, et ce qui est arrivé à ce déjeuner – s'annonçait de dimanche en dimanche par les attaques indirectes, l'absence de bonjour mais sans rien d'explicite. Mais le trop-plein de revendications de maman – car c'était elle qui parlait par la bouche de Pierre, – devait éclater bruyamment étant donné la nature bouillante franche et riche de ce garçon crédule, à la sensibilité très influençable et qui s'est fait le porte-parole de sa mère.

Je suis d'ailleurs convaincue que Pierre croit à la

vérité de toutes les insinuations, revendications et interprétations imaginaires de maman.

Pierre n'a jamais ouvert un livre de φ. Comment donc aurait-il une opinion ? Il ne sait pas qui je vois. Comment donc peut-il affirmer que je me fais entretenir, et qui plus est, par les juifs ! Quant à l'accident de la voiture ! soi-disant je l'avais ignominieusement « caché ». Comme si j'avais deux ans, d'abord, et qu'on doit « tout dire à sa maman ». Surtout comme s'il était blâmable de taire par générosité morale une indélicatesse commise *envers* moi – qui ne pouvait intéresser personne, aux conséquences de laquelle personne – sauf un avocat – ne pouvait parer. Quant à l'auteur de cette lettre, garçon de vingt ans, vivant avec des conflits moraux que je connais et n'ayant pas sa pleine responsabilité dans l'indélicatesse commise, non plus que dans l'accident, qu'il a d'ailleurs entièrement payé – je ne vois pas quelle raison l'amenait sur le tapis – n'étant ni juif, ni riche, ni mon amant. Si je t'ai parlé le moment venu, à toi *seul* de cet accident, c'était uniquement pour te mettre en garde et surtout que tu n'aies pas l'air d'ignorer tout ou alors que tu prennes cet air à dessein – en cas d'un chantage éventuel de la femme accidentée qui en avait menacé Billy.

En aucun cas autrement je ne jugeais utile d'ébruiter cette gaffe de jeunesse et vis-à-vis de

n'importe qui j'agirais de même si mes seuls inté-
rêts étaient en jeu.

Je ne comprends pas la nécessité qui t'a poussé à
en faire part à maman puisqu'elle ne peut jamais
rien taire, et surtout puisqu'il lui faut broder sur
n'importe quoi. Mais je t'assure que j'ai trouvé
invraisemblable que cela devienne un prétexte à
insinuations injurieuses ou revendicatrices !

Or aux calomnies injurieuses dont elle était la
source, maman n'a rien démenti mais m'a dit
ensuite « Au moins Pierre est propre – et il a dit ce
qu'il pensait il est brutal, hélas, on ne peut pas le
changer – mais pour le reste (!) je lui donne entièrement raison ».

Tu m'avoueras que je suis revenue gentiment
comme si de rien n'était malgré ces injures. C'est
parce qu'elles ne peuvent accabler que celui qui les
a proférées, mais c'est aussi et surtout parce que
mon esprit de famille a su faire taire mon amour-
propre personnel.

Bien que tu n'aies pas osé toi-même démentir les
propos de Pierre, j'avais cru sentir que tu étais
désolé et peiné pour moi. D'ailleurs qu'aurais-tu
pu bien trouver à ma charge ?

Depuis ce fameux dimanche, malgré l'incommo-
dité des jours de semaines, je me suis plusieurs fois
invitée « moi-même », malgré les accueils de maman
auprès desquels ceux de Do ne sont qu'indifférents.
(Encore une fois je ne lui en veux pas, je constate.)

Jamais un coup de téléphone de sa part, ni de la tienne alors que tous mes amis que je n'ai pas le temps de voir m'appellent pour me dire bonjour de loin en loin, au moins au bout du fil.

Jamais un mot pour essayer d'effacer le mal qui m'avait été fait devant toute la famille réunie, mes jeunes frères et la petite qui, depuis ce jour, quand elle me voit, ose à peine me dire bonjour.

Gênée de toujours m'inviter moi-même – et maman nous avait dit à Phil. et à moi, le jour de la brouille que c'était bien plus coûteux de nous recevoir un autre jour que le dimanche ! – je suis venue une fois à une heure et demie faire une visite (afin de te voir aussi et maman ne m'a même pas dit « Pourquoi n'est-tu pas venue déjeuner ? »). Ce jour-là il n'y eut pas un mot de dit, atmosphère muette, toi dans tes cartes, maman essayant d'amorcer des sujets genre pluie et beau temps, avec une difficulté qui malgré ses efforts se sent.

Moi-même, André et Jacques nous méfiant de tous les mots comme s'ils étaient chargés de dynamite. Ce fut exactement la même chose le jour où invitée par toi au téléphone, je suis venue déjeuner 2 col. Bonnet. Tant et si bien qu'il n'y a qu'une ressource : faire du phono. Et tu voudrais que je trouve cela agréable. Mets-toi à ma place un peu. Mais c'est effroyable tout simplement et qui plus est, depuis ce fameux dimanche pas une fois je ne suis venue sans avoir au départ une scène froide, ou à larmes, sur le palier. Comme si vraiment j'avais quelque tort, et comme je n'en ai pas de réels il faut les inventer.

L'évolution grandissante de la névrose de maman devait aboutir à *me* fermer la porte de la maison ; mais il lui fallait aussi m'en donner la responsabilité. C'est peut-être la seule raison qui donna à ce détail banal d'une porte fermée – *derrière* moi et non *sur elle* qui ne nous suivait pas du tout – l'envergure dramatique qu'il a eue.

J'ai beau être habituée à ces malades, j'ai eu longtemps l'espoir de me tromper sur maman et je voulais à tout prix essayer de trouver dans une intonation, un geste ou un mot de ma part, quelque chose qui eût en effet, en soi-même, le pouvoir de déclencher des interprétations revendicatrices quitte à les dire exagérées.

Mais hélas, depuis plusieurs mois, je suis obligée de voir clair. Il n'est pas là désir de te séparer d'elle, de haine ni même de blâme.

Si maman avait un cancer lui en voudrais-je ? et c'est un mal moral aussi grave dont elle est la proie et elle souffre terriblement.

Quand, après la mort de Jacqueline, elle est tombée dans sa grande dépression neurasthénique, aboutissant à la fièvre et au délire de Vic-sur-Cère, qu'a résolue la seule thérapeutique morale d'un jeune médecin psychologue, puis la grossesse et la naissance de Jacques, fallait-il lui en vouloir ?

Si tu le veux, un jour je t'expliquerai le méca-
nisme psychologique qui fait de la période actuelle
– commencée il y a une huitaine d'années – une
autre phase de la même maladie, moins pénible à
supporter pour maman elle-même mais tout
autant pour l'entourage.

À de rares instants maintenant – et seulement
quand elle flanche physiquement – elle est lucide
et se sent alors pleine de remords, se croyant responsable. Elle m'écrit alors – à moi, son autre fille
– qui nécessairement devais être le point de départ
(suivi d'une évolution centrifuge) de son délire de
revendications – un mot touchant, comme il y a
plusieurs semaines, trois lignes affectueuses qui
accompagnaient le lézard de Manette.

On voudrait à de tels moments croire à un sentiment despote simple et qui souffre de désillusions
comme on croit à une bronchite banale quand un
être cher est atteint de tuberculose pulmonaire
même si on est médecin mais la rechute arrive
hélas.

À ces moments de rémission je voudrais qu'elle
se sache aimée, comprise et plainte. Si elle avait le
courage moral d'opter pour cet aspect-là de sa personnalité, malgré l'angoisse qu'elle éprouve dans
ces périodes-là (et non dans les périodes revendicatrices) on pourrait l'aider et moi-même je crois
pouvoir le faire. Mais il faudrait, condition indispensable, qu'elle en prît elle-même conscience et

qu'elle fît elle-même la demande de secours. Sinon, toute intervention d'où qu'elle vienne est vouée à l'échec.

Et si je ne suis pas autrement – c'est-à-dire arrangeante – surtout bien que je la sache malade, donc irresponsable, ce n'est ni par orgueil ni par haine, c'est qu'en faisant ainsi, j'agirais contre elle.

Et si, pour te faire plaisir, j'avais l'air de lui donner raison quand elle expose ses griefs imaginaires je travaillerais encore contre toi-même et contre ceux qui vivent en direct contact avec elle, mes jeunes frères.

S'il y a un espoir de la guérir – ce n'est plus avec les armes que le jeune médecin de Vic a employées. Bander sa volonté pour surmonter les conflits en les faisant taire et remplacer l'enfant perdue par une autre, ce qui d'ailleurs a échoué puisque l'enfant est né garçon et de plus ni blond, ni les yeux bleus. Cette arme-là, quand elle réussit, n'a quatre-vingt-dix fois sur cent qu'un résultat transitoire. S'il est satisfaisant ou même merveilleux en apparence – c'est la thérapeutique utilisée par les psychiatres et les directeurs de conscience – il a comme dangereuse contrepartie, de renforcer pour l'avenir les conflits, à la mesure de la force de caractère dont le sujet est capable pour juguler le mode d'expression choisi : le symptôme en l'occurrence, c'était la dépression mélancolique.

La force de maman est peu commune. Il y a peu

de femmes douées d'une telle richesse de tempérament. Aussi, c'est avec une volte-face extraordinaire qu'elle a pris « sur elle-même » comme on dit. Ce fut alors quelques années apparemment tranquilles dont le point culminant correspond à peu près à votre voyage du *Stella Polaris*.

Mais tout ce temps, souviens-toi, était marqué du signe du « devoir ».

Il fallait que tout, même les agréments et surtout les agréments fussent tolérés « par devoir ». Et là, tu retrouves la parenté étroite avec la névrose de Do. Les conflits couvaient, se renforçaient dans l'ombre jusqu'au jour où j'ai pu devenir le support responsable, extérieur à elle, de tout le poids des éléments vivant en elle, et qui entrent en conflit avec la partie malade.

Si je suis pour elle chargée d'une si forte culpabilité, cela lui est nécessaire. C'est grâce à son attitude revendicatrice à mon égard qu'elle évite de tomber dans l'autodestruction d'après la mort de Jacqueline.

Enfin je ne veux pas te faire un cours sur le cas de maman, vu objectivement. Je t'en ai dit assez dans l'opinion de quiconque – car nul au monde et à plus forte raison pas Laforgue auquel toi et maman veulent donner ce rôle – ne m'a jamais parlé de tout ce que je te dis là. Toute seule je l'ai compris, en comprenant ma propre névrose entièrement calquée sur celle de maman. Aussi qui plus que moi peut le comprendre et l'en plaindre puisqu'à vingt ans j'étais déjà aussi malade qu'elle à quarante ans et que seule je n'aurais fait que mon malheur et celui de tous ceux que j'aurais aimés.

Je ne dois qu'à l'analyse – et à toi – qui m'obligeas malgré moi à commencer un traitement que je ne voulais pas faire – de m'être guérie avant d'avoir bâti sur des bases fausses les fondations d'un foyer boiteux.

Que sera mon avenir ? je n'en sais rien. Je me sens capable de rendre un homme très heureux. Si tu veux qualifier cela d'orgueil libre à toi. Je ne me flatte pas d'être sans défauts même celui-là, mais seulement d'être humaine, un numéro moyen. Viendra-t-il un jour celui qui me demandera de faire ma vie avec lui parce qu'il m'aimera et que je suivrai parce qu'il aura su me le demander ? Et crois-moi les hommes capables de parler ainsi en maîtres à une femme sont rares. Je ne sais si jamais je le rencontrerai.

Sinon ma vie sera un peu ratée, mais moins que si j'étais partie par amitié avec un être faible (Ed.) C'est que j'ai perdu dix ans de ma vie et sans avoir eu de vraie jeunesse. C'est à trente ans que je suis femme et prête à donner ma vie comme on donne un cadeau. Mon métier, ma carrière, comme tout cela est secondaire et comme je les plaquerais volontiers si cela m'était possible, non que cela m'ennuie mais parce que je me sens capable de faire mieux. Dans le courant de mon traitement (je peux en parler, c'est loin maintenant puisqu'il s'est terminé avant la fin du temps Dupuytren) j'aurais voulu abandonner les études de médecin que j'avais visées depuis l'enfance. Ce goût m'était venu de maman qui me disait qu'à ma place, c'est ce qu'elle ferait. Quand elle était jeune fille cela ne semblait pas admissible encore et que c'était son grand regret. Mais le but essentiel que je visais inconsciemment était d'égaler les garçons en prenant un métier d'homme.

En découvrant la femme en moi, et en abdiquant ces revendications masculines intérieures, l'intérêt pour les diplômes et les triomphes d'examens disparaît.

Mais la vie libre à la maison malgré mes vingt-sept ans ne m'étant pas possible, le seul moyen était de continuer ces études autrefois prises comme « fin » en elles-mêmes.

De plus, je ne voyais personne de mon âge et de mon milieu dans l'entourage familial, pas d'issue. Les rares amis que Pierre et Jean osèrent amener à la maison étaient des garçons faibles, fantasques ou d'un autre milieu que nous.

Cherche toi-même et cite-moi un seul jeune homme avec qui j'aurais pu me lier sans courir à une catastrophe inévitable.

D'ailleurs il y a trois ans, mes frères aînés

n'étaient plus à la maison, donc ils ne sont pas en question. Mais c'est depuis trois ans que du fait même que je n'étais plus farouche et que je commençais à me dégrossir timidement, maman parallèlement me rendait la vie plus étouffante comme si la vie normale où je tentais mes premiers pas tardifs était la voie dangereuse du Mal avec un grand M.

Il me fallait donc continuer mes études afin de sortir de cette atmosphère lourde, où chaque mot dit était interprété et chaque geste, et je me souviens de scènes que tu me fis toi-même injustement pour des motifs imaginaires.

Je ne te parle pas de l'horrible et nécessaire solitude de M. Blanche[31] grâce à laquelle cependant je dois d'avoir compris que l'éloignement était l'unique moyen de m'en sortir quelque pénibles, fatigantes, brimantes et décevantes que fussent les conditions de vie hors de la maison.

Avec combien de craintes intérieures et de refus veules devant l'épreuve et ses risques, j'ai admis cette triste nécessité (et non pas, comme maman l'a cru et peut-être toi-même, avec un désir impatient).

Quant à la rue Dupuytren[32]! solitude morale absolue. C'était le beau temps du vide autour de moi de tous les amis qui connaissaient maman. « J'avais mal tourné. » Dans la rue on faisait semblant de ne pas me voir.

Je ne connais pas de mère – à moins qu'elle ne soit malade (ou dénaturée ce qui n'est pas du tout le cas de maman) – qui puisse humainement détruire ainsi la réputation de son propre enfant. Surtout quand cette enfant en héritière de ce qu'il y a de meilleur en elle, réalise les rêves juvéniles de sa mère de la manière la plus honorable.

C'est le même acharnement – contre moi – qu'elle avait déployé en 1919-20 – contre elle-même – ayant à cette époque éprouvé de tels sentiments d'angoisse à vivre après la mort affreuse de Jacqueline qu'elle ne parlait que de sa responsabilité, et en était ainsi au point que tu sais la mort pour elle appelée et désirée. Ce qui représentait à ce moment une libération que nécessitait l'état de tension intérieure due à ses conflits inconscients.

La vie qu'elle s'est permis alors de continuer, ne devait plus qu'être faite de devoir et de sacrifice à son foyer et à ses enfants – mais à condition qu'elle n'y glane aucune joie ou du moins qu'elle nie toujours en éprouver aucune.

Après toutes les entraves morales pour m'empêcher moi – son alter ego – de m'épanouir pour la joie de vivre, l'aboutissement : mon départ de la maison représentait pour le programme de la partie névrosée un échec.

Aussi fallait-il de toute nécessité qu'elle me prophétise. Hélas elle ne l'a pas dit qu'à moi « le retour avant six mois ruinée avec un gosse dans le ventre ». C'est elle qui se sent coupable dans la mesure où je réussis, sans rien faire contre le devoir ni l'honneur, car obligatoirement pour son optique maladive, le devoir n'existe que dans le renoncement ascétique à tout plaisir et toute joie. De toute nécessité, pour admettre le fait objectif que je commence à réussir, elle doit inférer que ce n'est pas à l'aide de procédés honnêtes (d'où la « sortie » de Pierre « entretenue » par les juifs).

J'ai fait de mon mieux pour t'expliquer comment sans aide maman est obligée *pour vivre de croire* que je la méprise, la bafoue, etc., car c'est pour son conscient cette fois l'excuse qui lui permet de jouer son jeu cruel inconscient en évitant trop de sentiments de culpabilité.

Et si le drame se noue actuellement et que toi, mon pauvre papa, tu en es le premier atteint c'est que maman me sent maintenant invulnérable à ses attaques. J'observe tout cela maintenant, en souffrant pour elle mais non plus par elle.

Il faut que j'aie beaucoup souffert, si tu savais combien pour arriver à ce détachement – tout en lui conservant et même en ayant pour elle plus que jamais auparavant une tendresse filiale.

Les noirs souvenirs sont même oubliés, ou du moins se dissipent devant l'amour de la vie, des êtres, des choses que je découvre tous les jours. Et si ce n'était que je voulais te raconter tout, le meilleur et le pire, comme à un vrai ami, je ne t'en parlerais même pas. Je vis non sans peines, travaillant le plus que je peux afin de soutenir le standing de vie auquel mon éducation m'a accoutumée.

Quand vient le soir, le seul moment de liberté pour voir des amis ou vivre pour moi, me cultiver (lecture, musique, théâtre), je suis parfois si fatiguée que je dois renoncer au programme attendu afin de tenir le coup dès le lendemain matin. Je ne me plains pas, je te raconte.

Et je me demande avec effroi comment j'aurais pu vivre avec un garçon comme E. par exemple, sans travailler moi-même, avec le peu que j'ai, mon installation faite et les deux dévaluations supportées.

Et puisque j'effleure le très triste et douloureux souvenir d'E.D. je me demande quelles conceptions enfantines de la vie avaient nécessité des « fiançailles », uniquement parce que nous voulions E. et moi nous voir tous les dimanches, désir bien innocent et plus que naturel d'ailleurs pour des enfants qui lient une profonde amitié.

Une brouille et des larmes – étouffées par mon bon vouloir de « lui faire plaisir », ont commencé lorsque ces fiançailles officieuses, E. m'a demandé la permission de m'embrasser sur la joue ! Tu vois où en étaient (et d'ailleurs où en sont restées) nos relations. Je souris maintenant. Ce que nous étions jeunes tous les deux! Mais je suis bouleversée encore, quand j'y repense à ce déchirement de la séparation qui aurait pu si facilement être évité si on avait laissé tranquillement nos deux jeunes vies chercher leur voie sans intervenir.

Et pour en revenir à mon activité professionnelle je me dis que je serai peut-être contente un jour d'avoir terminé mes études et d'avoir un peu d'expérience déjà dans ma difficile spécialité au cas où je serais obligée pour vivre de continuer à travailler ou de reprendre si je cesse à un moment.

Quant à me marier, comme je te l'ai dit, je l'espère beaucoup mais il faut être deux.

Or il n'y a rien que les gens aiment moins que de ne pas savoir classer quelqu'un dans une catégorie. Femme célibataire? alors femme facile qui couche avec qui bon lui semble.

Jeune fille? alors sans expérience, ni maturité d'esprit et encore moins de responsabilités. Je ne suis ni l'une ni l'autre et ne joue pas un rôle en étant libre sans tenir à ma liberté, en vivant seule sans être sauvage, au contraire, médecin sans être ni féministe, ni apôtre, ni affranchie, ni intellectuelle, ni révoltée, mais simplement femme et qui plus est ne reniant pas même mon milieu, la bourgeoisie, auquel je me sens liée tout naturellement.

Alors vois-tu, les circonstances qui ont fait de moi ce que je suis rendent un mariage réussi un peu difficile ce qui ne veut pas dire impossible, heureusement.

Mais je dois dire que les insinuations dont j'ai été l'objet (et l'on sait qu'une famille n'avoue pas même toute la vérité quand elle est en sa défaveur) ne facilitent pas non plus les choses.

N'étant pas du tout « fofolle », pas du tout « aigrie », « pas putain », « pas intellectuelle », pas laide non plus et pourtant pas mariée, mais qu'est-elle donc ? Je suis habituée à ce que les hommes fassent la cour en moi à celle qu'ils me croient être. Cela ne me fait pas d'impression. Je continue d'être naturelle alors, ou bien ils disparaissent déçus et vexés, alors tant mieux, ou bien une véritable amitié naît entre nous.

Circonstances extérieures, sentiments non partagés c'est ce qui a été jusqu'à présent.

Afin de ne pas faire souffrir, je laisse croire s'il le faut à l'hypothétique veinard qui a droit à mes faveurs et à ma fidélité.

Tu le vois, une femme seule, quand elle le veut, peut toujours se défendre, bien que sortant pas mal, voyant volontiers du monde et des hommes, même célibataires. C'est très facile de coucher avec un homme, mais si ce n'est pas pour construire à deux : le désir, sans amour qui approche deux êtres, je l'admets et ne le blâme pas mais je me sens capable de faire mieux.

Et si une femme vivant ainsi, ne fait pas de mal

aux autres ni à elle-même – ce qui reste à voir car je ne crois pas qu'une femme soit faite pour cela – elle retire quelque chose qui lui est dû à celui qu'elle aimera plus tard et – ce jour-là – elle en souffrira.

Voici mon cher Papa une très longue lettre. J'ai mis bien des heures de loisirs morcelés à l'écrire et c'est pour cette raison et parce qu'elle me tient ardemment à cœur, qu'il m'a fallu tant de jours car je l'ai commencée dès mon retour de Boutigny.

Tout ceci aurait pu être dit de vive voix dans une conversation. Et si pour bien des choses qui y sont, je n'étais pas mûre encore pour t'en parler tôt sur ce ton détaché et sincère – beaucoup d'autres auraient pu être dites si j'avais pu trouver le moyen matériel de te parler – et surtout la possibilité morale d'un contact direct avec toi sans obstacles affectifs trop durs à renverser.

Je pense ici à ton silence absorbé que tu ne romps que pour parler affaires – en restant strict sur ce plan, ou avenir vu du côté extérieur seulement égale réussite examens, fatigue, ou bien pour m'exprimer en paroles et en écrits des reproches tellement faux et sans rapport avec la réalité que je nous sens alors deux étrangers l'un à l'autre.

Peut-être à très bientôt et en vrai et amis et avec quelle joie !!

Mais peut-être croiras-tu encore que pour m'aimer il te faut me donner raison contre maman, comme s'il fallait choisir entre nous. Alors mon cher papa, je ne veux surtout pas être une occasion de trouble et de tristesse pour toi. Je t'aimerai comme avant en comprenant très bien que tu préfères ne plus me voir.

Mais je ne peux pas – non par orgueil mais par devoir et par tendresse réelle – accepter le rôle néfaste qui te ferait plaisir – qui ressemblerait à celui d'un médecin abandonnant un malade à un mal, quand un sérum aurait encore une chance si fragile soit-elle de le guérir.

Avoir des attentions gentilles pour maman malgré son attitude, serait ajouter traîtreusement de l'alcali dans une combinaison qui doit rester neutre pour ne pas se dissocier ce qui nécessiterait autant de renforcements hostiles délirants de sa part (acide fort) afin de lui permettre de garder son intégrité psychique.

De même je ne peux pas accepter la responsabilité de mots, de gestes que je n'ai jamais dits ou faits, d'intentions que je n'ai jamais eues, jouer la culpabilité pour des conséquences qui me navrent mais où je n'ai – moi – aucun rôle actif, ma propre personnalité n'ayant aucun point commun avec celle dont je suis investie dans l'optique de maman et que tu sembles partager.

En tous cas, tout bien réfléchi – et cela après le dîner de l'autre jour où je l'ai trouvée mieux d'ailleurs – je crois qu'il est préférable pour elle qu'elle ne me voie plus avant qu'elle ne le désire vraiment et ce jour-là elle saura bien d'elle-même me faire signe.

L'autre soir où elle était mieux, elle n'a pas pu me remercier pour les fleurs, ni d'être venue et à un mot gentil, prudent de ma part – pour son anniversaire – elle a répondu par un refus désagréable de l'accepter. Cela ne m'a pas fait de peine d'ailleurs, je l'ai seulement constaté.

Si maman sent que cela ne te peine pas trop de ne plus me voir elle pourra se le permettre et je crois que ce serait bon pour elle car il est inutile de provoquer des remous stériles sinon en souffrance tels que celui qui a suivi ma banale apparition d'avant la Pentecôte et sans doute aussi celle du 12.

Je continuerai à vivre en vous faisant honneur mon cher papa et en y trouvant ma joie.

Quelle que soit ta décision, mon père tendrement chéri, je l'approuverai et mieux si après cette longue lecture je te semble encore inconsciente sache que je comprendrai le désarroi qui t'y obligera et j'accepterai volontiers ton jugement sévère – maintenant que j'ai tout dit et du mieux que j'ai pu. Peut-être aurais-je pu le faire encore mieux mais c'était déjà si difficile.

ta pte Franc
14 juin 1938

NOTES DE MURIEL DJÉRIBI-VALENTIN
ET COLETTE PERCHEMINIER

1. L'orthographe des quatre premières lettres de Françoise Marette enfant a été transcrite sans corrections.

2. Carte postale.

3. Henry Marette se trouve alors en Angleterre.

4. C'est un des surnoms de Philippe, le frère cadet de Françoise.

5. Cette lettre est adressée à Milan. L'anniversaire d'Henry Marette est le 4 août : s'agit-il d'une erreur de date de la part de Françoise ou d'une marque de son impatience ? Les vacances familiales, cette année-là, se passent en Savoie.

6. Cette lettre est envoyée de Deauville. Les « locataires » ont occupé la villa durant l'été 1920 que les Marette ont passé sur les bords du lac d'Annecy selon les désirs de Jacqueline, la sœur aînée de Françoise, atteinte d'un cancer des os. Elle meurt le 30 septembre 1920, à 18 ans.

7. Mademoiselle est la gouvernante des enfants.

8. Françoise alerte son père sur la santé de sa mère qui se détériore à l'approche de la date anniversaire de la mort de Jacqueline.

9. Cette lettre a été écrite sur du papier à lettres à en-tête : « Bord S.S. *De Grasse*, Cie Gle Transatlantique French Line ». Françoise a été opérée de l'appendicite alors qu'Henry Marette est en pleine mer, en route vers les États-Unis.

10. Le docteur Rouy est le médecin de la famille, et le doc-

teur Capette le chirurgien qui a pratiqué l'opération de l'appendicite.

11. Charlotte Ruze, cousine de Françoise, a épousé Raymond Dauvin. La famille est en pleine effervescence en raison du prochain mariage de Pierre Marette, frère de Françoise, avec Yvonne Hurel.

12. Françoise séjourne chez des amis, les D., à « La Bastide », dans les environs de Carpentras.

13. Pierre et Yvonne Marette, qui habitent le Maroc, sont venus passer des vacances en France avec leur petite fille Nicole, appelée encore Nic, Nik ou Nicky, qui est aussi la filleule de Françoise.

14. Françoise est au Maroc avec sa mère, invitée par Pierre et Yvonne. Elles ont quitté Paris le 1er avril.

15. En novembre 1931, Françoise a été autorisée à commencer ses études de médecine en même temps que son jeune frère Philippe qui, aux yeux de sa mère réticente, lui sert de chaperon.

16. Cette lettre porte une mention manuscrite de Françoise Dolto : « lettre d'Henry Marette à ses enfants en 1933 alors qu'il avait une dissociation incomplète auriculo-ventriculaire. Il devait mourir en trois semaines. Jacques avait dix ans. Il a guéri et est mort de la même chose en 1947 n'ayant rien à changer à la lettre à ses enfants ». Henry Marette est décédé le 21 mai 1947.

17. Cette lettre est écrite sur du papier à lettres à en-tête « La Coccinelle - Deauville », le nom de la maison de vacances des Marette. Deux événements importants ont marqué la vie de Françoise. Le 11 février 1934, intervient la rupture de ses fiançailles avec Edmond D. Le 17 février, sur les conseils de son père, elle commence une cure psychanalytique avec René Laforgue, qui a déjà pour patient son jeune frère Philippe. Pionnier de la psychanalyse en France, René Laforgue est un des fondateurs de la Société psychanalytique de Paris, en 1926, dont il sera le premier président. Dans les années 30, il est une

des figures marquantes du mouvement psychanalytique français.

18. Montbard est une petite ville de la Côte d'Or, où est installée l'usine *Le Métal déployé* que dirige Henry Marette.

19. Cette lettre est écrite sur du papier à lettres à en-tête « La Coccinelle - Deauville ».

20. Louis Grenaudier est médecin assistant dans le service où Françoise est externe. Primak est la dentiste de Françoise.

21. La Roquebrussane est un petit village varois non loin duquel René Laforgue possédait une résidence secondaire et des vignes (Les Chabert) où certains patients en cours d'analyse se retrouvaient à la fin de l'été pour les vendanges et quelques séances analytiques ; la plupart logeaient à l'hôtel de la Loube.

22. Carte postale.

23. Cette lettre est écrite sur papier à lettres à en-tête : « Hôtel International et Terminus ». Françoise et Philippe ont assisté à un congrès de psychanalyse à Nyon, près de Genève, où sont intervenus, entre autres, Laforgue, Leuba, Spitz, Loewenstein, Parcheminey, Odier, Hesnard.

24. L'hôtel de la Loube où logeaient les patients de Laforgue lors de leur séjour estival, était surnommé le « Club des piqués ».

25. Sancellenoz est le sanatorium en Haute-Savoie où Philippe a séjourné en 1935 pour y être soigné d'une primo-infection.

26. Marc Schlumberger, fils de l'écrivain Jean Schlumberger, fait ses études de médecine avec Françoise et Philippe. C'est lui qui suggère à Philippe d'entreprendre une analyse, et lui communique les coordonnées de Laforgue, son propre analyste. Il deviendra un ami proche de Françoise.

27. Cette lettre date probablement de septembre 1936.

28. Rosengart est la marque de la voiture que Françoise projette d'acheter.

29. Cette lettre d'Henry Marette était accompagnée, dans les

archives de F. Dolto, de la copie faite par Françoise elle-même de sa réponse à son père. La lettre elle-même ayant disparu, c'est la copie qui est publiée ci-après.

30. 2, rue du Colonel-Bonnet, l'adresse de l'appartement parisien des Marette.

31. Maison-Blanche, l'hôpital psychiatrique pour femmes où Françoise a effectué un remplacement de trois mois, à partir de décembre 1935.

32. C'est l'adresse du premier appartement indépendant dans lequel Françoise s'est installée le 3 novembre 1936. En 1938, elle habite 13, square Henri-Paté, dans le XVIe arrondissement.

REPÈRES CHRONOLOGIQUES

1908
6 novembre : naissance de Françoise Marette. Henry et Suzanne Marette ont déjà trois enfants : Jacqueline six ans, Pierre cinq ans et Jean deux ans.

1913
14 mars : naissance de Philippe Marette.

1915
27 décembre : naissance d'André Marette.

1914
3 août : déclaration de la guerre.
octobre : inscrite à l'école Sainte-Clotilde à Paris mais vit à Deauville et suit les cours par correspondance.

1917
été : vacances familiales en Savoie.

1920
3 juin : première communion.
30 septembre : décès de Jacqueline Marette, la sœur aînée de Françoise.

1921
été : vacances familiales à Vic-sur-Cère ; Suzanne Marette est
   victime d'un épisode délirant.

1922
21 septembre : naissance de Jacques Marette.

1924
juin : première partie du baccalauréat.

1925
juin : deuxième partie du baccalauréat.

1929
9 novembre : début des études d'infirmière de la Croix-Rouge
   à l'hôpital-école des Peupliers.

1930
6 juin : diplôme d'infirmière.

1931
22 septembre : début d'un séjour en Provence, chez les D., à
   « La Bastide » près de Carpentras ; projet de fiançailles avec
   Edmond.
24 novembre : inscription de Françoise et Philippe en année de
   PCN (certificat d'études de sciences physiques, chimiques et
   naturelles) qui constituait l'année préparatoire aux études de
   médecine.

1932
1er juillet : résultat des examens de PCN ; Françoise et Philippe
   sont tous les deux reçus.
été : vacances familiales à Deauville avec Pierre et Yvonne
   Marette, et leur fille Nicole, tous trois venus du Maroc.
3 novembre : entrée en première année de médecine.

1933
1er – 19 avril : séjour au Maroc, en compagnie de sa mère, chez Pierre et Yvonne Marette.

1934
11 février : rupture des fiançailles avec Edmond D.
17 février : début de la cure psychanalytique avec René Laforgue.

1935
1er mai : stage d'externat à l'hôpital Bretonneau dans le service du professeur Leveuf en chirurgie infantile ; travaille à la consultation avec le docteur Grenadier, médecin assistant ; fin du stage : 4 mai 1936.
14 septembre : départ pour un périple en Provence ; séjourne chez René Laforgue à La Roquebrussane (Var) du 24 septembre au 3 octobre.
14 décembre : remplacement à Maison-Blanche, alors hôpital psychiatrique pour femmes, à Neuilly-sur-Marne (pendant trois mois).

1936
9 avril : se rend à Nyon, en Suisse, à un congrès de psychanalyse.
5 mai : stage d'externat en psychiatrie infantile dans le service du Dr Heuyer, à l'hôpital Vaugirard.
mi-août : séjour « analytique » à La Roquebrussane chez René Laforgue, en même temps que son frère Philippe.
3 novembre : emménage 7, rue Dupuytren, dans le VIe arrondissement à Paris ; c'est son premier appartement ; note sur son agenda : « joie ! »

1937
12 mars : dernière séance avec René Laforgue ; fin de la cure analytique.
1er mai : stage d'externat à l'hôpital des Enfants-Malade, dans le service du Dr Darré.

INDICATIONS BIBLIOGRAPHIQUES

Ouvrages de Françoise Dolto publiés
aux Éditions Gallimard

Articles et conférences :
1. *Les étapes majeures de l'enfance*
2. *Les chemins de l'éducation*
3. *Tout est langage*
4. *La difficulté de vivre*
5. *Le féminin*

Essais :
Solitude
Sexualité féminine. La libido génitale et son destin féminin
Le sentiment de soi. Aux sources de l'image du corps

Entretiens :
1. *Destins d'enfants — Adoption, Familles d'accueil, Travail social* (entretiens avec Nazir Hamad)
2. *Les Évangiles et la foi au risque de la psychanalyse* (en collaboration avec Gérard Sévérin)
3. *L'enfant, le juge et la psychanalyste* (entretiens avec Andrée Ruffo)

Au Mercure de France

Dans la collection «Le Petit Mercure» :
L'enfant dans la ville
L'enfant et la fête
Parler de la mort
Le dandy, solitaire et singulier
Jeu de poupées

Ouvrages sur Françoise Dolto, hors collection

Les Deux Corps du Moi. Schéma corporel et image du corps en psychanalyse, Gérard Guillerault.
Françoise Dolto, c'est la parole qui fait vivre. Une théorie corporelle du langage. Sous la direction de Willy Barral, et la participation de Marie-Claude Defores, Didier Dumas, Yannick François, Gérard Guillerault, Heitor O'Dwyer de Macedo, Juan-David Nasio.
Françoise Dolto, aujourd'hui présente. Actes du colloque de l'Unesco, 14-17 janvier 1999. Ouvrage collectif.

Aux Éditions Gallimard Jeunesse

Paroles pour adolescents ou Le complexe du homard (avec Catherine Dolto-Tolich, en collaboration avec Colette Percheminier).

FRANÇOISE DOLTO

Françoise Dolto, née Marette, naît à Paris le 6 novembre 1908. Études classiques. Thèse de médecine en 1939 : « Psychanalyse et pédiatrie ». Membre fondateur de la Société psychanalytique de Paris (1939), membre fondateur de la Société française de Psychanalyse, ensuite cofondatrice, avec Jacques Lacan, de la célèbre École freudienne de Paris.

En 1942, elle épouse Boris Dolto. Ils auront trois enfants (Jean Chrysostome dit *Carlos*, Grégoire et Catherine).

Françoise Dolto est connue mondialement pour ses travaux : séminaires, essais cliniques, communications, en particulier ce qui traite de psychanalyse d'enfants. Elle est une figure populaire depuis qu'elle a animé une émission quotidienne sur France Inter au cours de laquelle elle répondait en direct aux lettres des parents qui lui confiaient leurs problèmes d'éducation des enfants. La création de la première Maison verte (dans le XVe arrondissement de Paris) fait d'elle une pionnière : elle inaugure, sur le terrain, une initiation précoce de l'enfant à la vie sociale.

Françoise Dolto est décédée le 25 août 1988.

Réalisation Pao : Dominique Guillaumin

Achevé d'imprimer
sur les presses de l'imprimerie Hérissey
en mai 2001.
Imprimé en France.

Dépôt légal : mai 2001.
N° d'imprimeur : 89663

1754